Auswanderland Australien

interconnections

Auswanderland Australien

Leben, arbeiten, heimisch werden unter den Aussies

Barbara Barkhausen

interconnections

Ähnliche Titel bei http://interconnections-verlag.de
Auch erhältlich über den Buchhandel

Impressum
Reihe Jobs & Praktika Bd 67

Auswanderland Australien
Leben, arbeiten, heimisch werden unter den Aussies
Barbara Barkhausen

Umschlagfotos: Sydney-Harbour-Fotolia, Australien-Opal, beide Fotolia
Alle anderen von der Autorin

Verlag interconnections, Schillerstr. 44
79102 Freiburg, T. 0761-700 650, F. 700 688
info@interconnections.de, www.interconnections.de
www.interconnections-verlag.de
www.reisetops.com
www.down-under.org
2015
ISBN 978-3-86040-223-8

Maria G. Baier-D'Orazio
Abenteuer Liebe
Südamerika, wo Träume auf Machismo stoßen
interconnections.deSigrun Dahmer
Flamenco zum Frühstück
Teutonen und Spanier unter einem Dach
• Liebe
• Sehnsucht
• Turbulenzen
interconnections.de

Inhalt

Zur Autorin

Barbara Barkhausen ist Print- und TV-Journalistin und arbeitet seit Jahren als freie Auslandskorrespondentin in Sydney. Schon während ihres Studiums der Kommunikationswissenschaft, Englischen Literatur und Kunstgeschichte an der LMU in München arbeitete sie für verschiedene Zeitungen, Agenturen, Radio- und Fernsehsender. Nach der Universität startete sie zunächst beim ZDF-Landesstudio in München und ging von dort zur Bavaria Film in Geiselgasteig. Nach fünf Jahren als Redakteurin, Projektleiterin und später Chefin vom Dienst zog sie mit ihrem Mann nach Sydney. Als Auslandskorrespondentin arbeitet sie heute für eine europäische Nachrichtenagentur, Tageszeitungen, Zeitschriften, Radio- und TV-Sender. Neben Sachbüchern über Australien hat sie auch Kinderbücher sowie ein „Funny Memoir" ihres Lebens als Korrespondentin Down Under herausgebracht („Geliebtes Australien"). Wer tiefer in alles Wissenswerte über Australien eintauchen will, für den eignet sich ihr Australien-Lesebuch, wer sich über die Gefahren der Natur informieren möchte, der sollte ins „Gefährliche Australien" reinblättern und wer die besten Reiseziele sucht, der findet sie in ihrem Bruckmann-Reiseführer „Australien – Zeit für das Beste". Über das Leben in Australien und was in Down Under alles passiert, berichtet die Autorin zudem in ihrem Blog auf www.die-australienreise.de.

Danksagung

Herzlich bedanken möchte ich mich für die Unterstützung von: Margot Obrist (www.migration-advice.com), die als Einwanderungsberaterin in Australien tätig ist, bei Franz Reichwein, dem früheren Sydney-Korrespondenten der Bundesagentur für Außenwirtschaft, dessen Tipps zu Wirtschaftsthemen höchst wertvoll waren, bei Wolfgang Babeck von der Rechtsanwaltskanzlei Dibbs Abbott Stillman, bei Bernhard Lobmayr aus Adelaide, Melanie Carli aus Sydney, Edith Barkhausen aus Bremerhaven und bei Ratherskaran Dominic aus Bremen, dessen persönliche Erfahrungen ins Kap. „Auswandern auf Zeit" eingeflossen sind. Ebenfalls bedanken möchte ich mich bei all den Auswanderern, die mir ihre Geschichten zur Verfügung gestellt haben und bei meinem Mann Michael, der geduldig die langen Nächte ertragen hat, die ich vor dem Computer verbrachte.

Vorwort

Das Land hat seinen Bewohnern viel zu bieten: Traumstrände, herrliche Regenwälder, uralte Felsformationen, einmalige Ausblicke, exotische Pflanzen und Tiere, ein gesundes Wirtschaftswachstum, genügend Arbeitsplätze, eine multikulturelle Gesellschaft ...Die Liste könnte beliebig weitergeführt werden.

Städte wie Sydney oder Melbourne landen bei Umfragen stets unter den lebenswertesten Orten der Welt. Nicht umsonst gilt das sechstgrößte Land der Erde als eines der begehrtesten Auswandererziele. Jährlich stehen zwischen 150.000 und 200.000 Visa für eine Migration auf den Fünften Kontinent zur Verfügung. Dazu gehört die sogenannte „Skilled Migration" qualifizierter Arbeitskräfte sowie Familienvisa, wo bereits im Land lebende Bürger Partner, Eltern oder Kinder nachholen.

Ich selbst kam 2002 mit meinem Mann über ein Sponsorship seiner Firma nach Australien. Wir wollten nur auf ein Jahr hier bleiben, doch wir verliebten uns in unseren neuen Heimatort Sydney, in das glitzernde Meer, die freundlichen Menschen, die bunten Papageien, die frechen Possums und die lachenden Kookaburras.

Doch bei all unserer Begeisterung erlebten wir auch jenen „Kulturschock", den man vielleicht nicht erwartet, wenn man in ein offensichtlich „westliches" Land mit europäischem Einfluss auswandert. Ich erinnere mich noch gut, wie verzweifelt ich das Einwohnermeldeamt gesucht und es nicht gefunden habe – da es gar nicht existiert. Wie geschockt wir über den Zustand so mancher Wohnungen waren, die in unserer Preisklasse lagen, aber in denen Schmutz, Spinnweben und Kakerlaken Überhand genommen hatten. Wie unser erstes erstandenes „neues/altes" Auto seinen Geist aufgegeben hat und wie ich nach Verständigungsschwierigkeiten das erste Mal mit gelben Haaren (statt dezenten Strähnchen) aus dem Friseurladen gekommen war. Oder wie ich die erste harmlose aber handtellergroße Huntsman-Spinne in der Wohnung hatte, die erste Giftspinne gesehen habe oder feststellte, dass wir eigentlich keine Bilder in der Wohnung aufhängen durften, da das in Mietwohnungen nicht gerne gesehen wird.

Aber „no worries" („keine Sorge"), wie der Australier so gerne und häufig sagt, mit der Zeit wird das schon alles. Und so war es auch... Die Handwerker, auf die ich oft lange wartete, tauchten irgendwann doch auf und so regelte sich nach und nach jedes Detail. Ich brauchte für alles nur mehr Geduld und Zeit als zu Hause und war gezwungen zu relaxen und alles etwas leichter zu nehmen. Im Nachhinein einer der Gründe, warum es uns hier noch immer so gut gefällt.

In diesem Buch hoffe ich, Ihnen nicht nur alle wichtigen Informationen zum Leben und Arbeiten in Australien zu geben, sondern auch ein Gefühl für das Land und seine Leute. Deshalb sind die einzelnen Kapitel mit Geschichten von Auswanderern gespickt, die es „geschafft" haben, sich auf ihrem Traumkontinent eine Existenz aufzubauen.

Australien ist sicher nicht das „Paradies auf Erden". Es hat wie jedes Land Vor- und Nachteile und jeder muss für sich entscheiden, ob es das Traumland ist oder nicht. Ebenso muss natürlich jeder für sich herausfinden, ob er die Anforderungen für ein Visum überhaupt erfüllen kann (s. Kapitel Visum).

Mein Tipp hierzu ist, sich das Ganze zumindest im Urlaub mal vorher anzuschauen und zu sehen, ob die Erwartungen, die Bücher, Fotos und Filme aufbauen, sich für den Einzelnen auch erfüllen können. Schwierig ist es sicher vorher abzuwägen, wie wichtig einem zum Beispiel die Nähe von Familie und Freunden ist, wie sehr man am Wochenende an der Ostsee, dem Wandern in Österreich oder dem Trip zum Gardasee hängt.

Doch Auswandern ist – sobald man das Visum hat – heutzutage ja verhältnismäßig einfach. Man kommt mit dem Flieger an und man kann jederzeit innerhalb von 24 Stunden auch wieder zu Hause sein. Es ist keine gefährliche, mehrmonatige Schiffsüberfahrt mehr und die Zeiten sind flexibler geworden. Viele Arbeitgeber lassen sich auf einen „unbezahlten Urlaub" ein, Möbel kann man einlagern lassen, die Wohnung untervermieten, wichtige Versicherungen auf Eis legen oder mit geringeren Beiträgen (einer Anwartschaft) weiterführen. Letzteres kann vor allem bei der gesetzlichen Krankenversicherung wichtig sein, wo ansonsten wertvolle Ansprüche verloren gehen und eine Rückkehr nicht so einfach möglich ist!

Wer sich zum Auswandern entscheidet, es probiert und scheitert, dem stehen die Türen in die Heimat aber weiter offen – vor allem wenn er gut überlegt – ein paar der genannten Sicherheitsnetze eingebaut hat und die Kosten im Überblick behält. Außerdem gibt es Möglichkeiten, auch mal nur „auf Zeit auszuwandern" (mehr darüber auch in diesem Buch).

In diesem Sinne würde ich sagen, es ist alles eine Erfahrung fürs Leben und wer einen Traum auslebt, der rennt ihm wenigstens nicht sein Leben lang hinterher. Ich wünsche allen viel Glück bei ihren Vorhaben, einen guten Start im neuen Land und freue mich, wenn dieser kleine Wegweiser den Start Down Under erleichtert.

Barbara Barkhausen

Aktuelle Änderungen zum Buch finden Sie unter www.down-under.org. Ich habe mich bei der Recherche sehr um Gründlichkeit bemüht. Trotzdem können sich natürlich Fehler eingeschlichen haben oder es gibt aktuelle Änderungen. Fällt Ihnen so etwas auf, so wäre ich dankbar für eine kurze E-Mail unter

barbara.barkhausen@gmx.de

Vor dem Aufbruch: Kosten der Auswanderung

Bevor man sich in die Vollen stürzt, hier ein kleiner Hinweis zum Nachrechnen für jeden:
Welche Kosten kommen beim Auswandern auf mich zu, und kann ich mir das „Abenteuer" überhaupt leisten?

- Visumsgebühren
- evtl. Einwanderungsberater
- Flug
- Umzug (Umzugsleute, Container/Luftfracht, Zollgebühren)
- Überbrückungsgeld Anfangszeit (evtl. noch ohne Job)
- Reserve für eine etwaige Rückkehr im Falle des Scheiterns (Rückflüge, Umzug zurück etc.)

Meine eigene Erfahrung zeigt, dass ein gutes Startkapital in etwa 10-15.000 Euro für eine Einzelperson sind, 20-25.000 Euro für ein Paar und 25.000 bis 35.000 für eine Familie mit zwei Kindern. Sämtliche in diesem Buch erwähnten Kosten und Geldbeträge sind in der jeweiligen Landeswährung belassen. Das heißt, Kosten in Europa sind in Euro, Kosten in Australien in australischen Dollar. Ein Dollar entspricht rund 69 Euro Cent, ein Euro 1, 44 $.
Eine gute Seite zur Währungsumrechnung ist zum Beispiel: www.oanda.com.

AUSTRALIEN

Allgemeines

Staaten, Städte, Outback

Australien ist das sechstgrößte Land der Erde, die größte Insel und ein eigener Kontinent, 50 % größer als Europa, aber mit der niedrigsten Bevölkerungsdichte der Welt – nur zwei Einwohner pro Quadratkilometer.

Das Land gehört zu den reichsten Nationen weltweit. Seine blühende Wirtschaft mit verhältnismäßig niedriger Arbeitslosigkeit macht das Land zu einem attraktiven Ziel für Auswanderer. Australien litt zwar ebenfalls durch die internationale Finanzkrise – doch im Vergleich zu den meisten anderen westlichen Staaten schlug sich das Land sehr passabel. Vor allem die großen Banken sind hier widerstandsfähiger, da sie besser kapitalisiert sind. Trotz steigender Arbeitslosenzahlen werden auf dem Fünften Kontinent nach wie vor qualifizierte Arbeitskräfte gesucht, und die europäischen Traditionen, die Offenheit der Menschen und vor allem die englische Sprache machen den Anfang für viele einfacher als in anderen Ländern.

Schon historisch ist Australien eines der Einwanderungsländer schlechthin. Etwa einer von vier Australiern wurde nicht auf dem Fünften Kontinent geboren. Noch 1945 gab es rund sieben Millionen Einwohner, und 90 Prozent davon waren in Australien geboren. Seitdem sind sechs Millionen Menschen aus aller Herren Länder eingewandert. Heute zählt man rund 23 Millionen Einwohner.

Exzellenter Ruf in der internationalen Gemeinschaft

Das Land genießt einen ausgezeichneten Ruf in der internationalen Gemeinschaft. Es wird als das freundliche Land der Kängurus und Koalas portraitiert, in dem die Menschen relaxt sind und Surfen, Rugby und Cricket lieben. Natürlich gibt es wie auch in anderen Ländern Probleme. Vor allem im Bereich Umweltschutz und regenerativer Energie hat das Land noch Nachholbedarf. Das größte zusammenhängende Korallenriff der Erde, das Great Barrier Reef, ist durch die Klimaerwärmung gefährdet. Die steigenden Wassertemperaturen tragen zur Bleichung der Korallen bei. Und auch die Wälder Tasmaniens sind in Teilen von maßloser Abholzung bedroht.

Zehn Prozent asiatischer Herkunft

Australien ist aber sicher nicht nur wegen seines in der Tat sehr angenehmen Lebensstiles, dem warmen Klima und seiner Naturschönheiten ein interessantes Land. Seine Nähe zu Asien macht es auch wirtschaftlich zu einem wichtigen Knotenpunkt. Die Verbindungen nach Asien sind vielfältig. Nicht nur durch die vielen asiatischen Studenten, welche die Universitäten besuchen und später in ihren Ländern dann Schlüsselpositionen einnehmen, in denen sie auch weiterhin dem Fünften Kontinent zugetan sind, sondern auch durch die hohe Migration innerhalb der Region. Neben Englisch sind die beiden chinesischen Sprachen Mandarin und Kantonesisch sowie Vietnamesisch die häufigst gesprochenen Sprachen (insgesamt werden über 200 unterschiedliche Sprachen gesprochen, inklusive etlicher Aboriginal-Sprachen, obwohl viele von diesen leider vom Aussterben bedroht sind). Auch die Schulen haben sich den wirtschaftlichen Bedingungen angepasst und bieten die Sprachen der wichtigsten Handelspartner an – Mandarin, Japanisch und Indonesisch.
Zehn Prozent der Bevölkerung sind inzwischen asiatischer Herkunft, und durch die ähnlichen Zeitzonen ist eine enge Zusammenarbeit einfach. Für viele deutsche Firmen ist Australien zum Beispiel ein sicheres und ideales Eingangsportal gerade in den südostasiatischen Raum geworden.

Wirtschaft braucht dringend Arbeitskräfte

In welche Region man als Auswanderer genau gehen möchte, ist sicher nicht nur von den eigenen Präferenzen abhängig, sondern auch von den wirtschaftlichen Stärken der einzelnen Regionen und dem Bedarf an qualifizierten Arbeitskräften. Besonders intensiv suchen Staaten wie Westaustralien, Queensland und Südaustralien neue Mitbürger, und wer sich gar für eine ländliche Region entscheidet, kann beim Thema Visum durchaus bessere Chancen haben.

Gott schütze die Königin

Australien besteht aus sechs Staaten (New South Wales, Victoria, Queensland, Tasmanien, Westaustralien und Südaustralien) und zwei Territorien (Australian Capital Territory und Northern Territory). Australien ist eine konstitutionelle Monarchie. Es hat ein demokratisch-föderales System und erkennt die britische Königin als Monarchin an.

Schon gewusst, dass Australien

- über 7000 Strände besitzt – mehr als jedes andere Land der Erde
- es weltweit die meisten Opale fördert
- es geschätzte 40 Millionen Kängurus und 140 Millionen Schafe beheimatet.
- es einer der größten Rindfleischexporteure der Welt ist?

New South Wales und Sydney

Am schönsten Hafen der Welt

Sydney lernt man am besten an einem sonnigen Tag auf der Fähre kennen. Wenn die Oper im Sonnenschein glitzert, die Fahnen auf der Harbour Bridge munter im Wind wehen und die Kakadus im Botanischen Garten kreischend durch die Luft fliegen. Sydney, das ist Wasser, Strand, ein buntes Gemisch an Hautfarben, kleinen asiatischen Stehrestaurants und trendigen Coffeeshops.

Die viereinhalb Millionen Großstadt hat sich in den vergangenen 200 Jahren gemausert: von der Strafkolonie des britischen Imperiums zu einem der wirtschaftlichen, kulturellen und finanziellen Zentren der Region. Sydney gilt bei vielen nicht umsonst als die heimliche Hauptstadt und als eine der schönsten internationalen Metropolen weltweit. Die Gegensätze könnten nicht größer sein: von wenig ansprechenden Industrievororten im Westen zu blühenden viktorianischen Vierteln am unübertroffenen Hafen der Stadt. Von suspekten Rotlichtgegenden zu fröhlichen Strandvororten nur 20 Minuten von der Innenstadt entfernt. Vor allem die Strände mitten in der Stadt machen den besonderen Charme Sydneys aus. Die herrlichen Küsten lassen sich am besten bei einer Klippenwanderung zwischen Bondi und Coogee oder bei der „Spit to Manly-Wanderung“ im Norden der Stadt erkunden. Auch die Fahrt an den Stränden im Norden, die sich von Manly aus wie Perlen an einer Perlenkette bis hin nach Palm Beach reihen, lohnt sich, um einen Eindruck der herrlichen Stadtteile am Meer zu bekommen. A propos Stadtteile am Meer: Die paradiesischen Vororte in Küstennähe haben natürlich auch ihren Preis – Sydney ist ein teures Pflaster und wer Immobilienwünsche hegt, muss tief in die Tasche greifen.

Verlockend ist übrigens auch die Umgebung Sydneys und Wochenendausflüge bieten sich in die Nationalparks an, die die natürlichen Grenzen der Stadt bilden: der Kuringai National Park im Norden, der Royal National Park im Süden oder die Blue Mountains im Westen. Ebenso nah und sehenswert sind die Weinregion Hunter Valley, die romantischen Southern Highlands oder die gewaltigen Dünen von Stockton Beach in Port Stephens.

Neben Sydney ist New South Wales auch noch die Heimat zweier weiterer interessanter Städte, Industriezentren und Universitätsstandorte: Wollongong eineinhalb Stunden südlich von Sydney und Newcastle, zwei Autostunden nördlich. Während Sydney vielfach Finanzzentrum ist – hier sind die Börse, die Reserve Bank und alle großen Banken, Versicherer und Broker – ist Wollongong für seine Kohleförderung und Stahlindustrie und Newcastle für seinen Hafen, Schiffsbau und Schwerindustrie bekannt.

Victoria und Melbourne

In der Stilmetropole

Melbourne ist mit vier Millionen Einwohnern die zweitgrößte Stadt. Sie ist am Yarra River gelegen, und es lohnt, den Abstecher auf die „andere Seite“ des Flusses zu machen, um den Blick auf die imposante Skyline zu genießen. Die viktorianisch geprägte Stadt hat wenig markante Sehenswürdigkeiten, doch durch die vielen Grünanlagen, Kunstwerke auf den Straßen, Graffitis in den Gassen, viele viktorianische Häuser, Märkte und zahlreiche Cafés, Kneipen und Restaurants entsteht eine besonders lebendige, ansprechende Atmosphäre. Melbourne ist auch die australische Stadt, die am meisten europäische Anklänge hat. Vor allem griechische Auswanderer haben ihr Herz für Melbourne entdeckt und nennen es scherzhaft die drittgrößte griechische Stadt. Melbourne ist elegant und ist bekannt für die vielen schönen Dinge des Lebens – Mode, Kultur, gutes Essen, Unterhaltung und Sport.

Am Wochenende bietet Melbourne etliche gute Ausflugsmöglichkeiten. Die Great Ocean Road ist nah, ebenso der interessante historische Goldgräberort Ballarat, die Mornington Peninsula, die Pinguininsel Phillip Island oder der gewaltige Grampians Nationalpark.

Wirtschaftlich ist Melbourne nicht gleichwertig mit Sydney zu sehen, auch wenn seine Institutionen deutlich aktiver sind. So hat Victoria als einziger Staat eine eigene Geschäftsrepräsentation in Frankfurt. *Invest Victoria* hilft australischen Firmen, die nach Deutschland exportieren wollen und deutschen Investoren in Victoria. Invest Victoria publiziert sogar einen englischsprachigen Relocation Guide für Melbourne. Diese Methode geht auf. Inzwischen haben sich zum Beispiel rund 120 deutsche Firmen in Victoria niedergelassen, darunter große Namen wie Robert Bosch, Hella oder VDO.

Zu den starken Sektoren gehören der Finanzsektor (Banken und Versicherungen) und der Immobilienmarkt. Der Schritt hin zur Serviceindustrie ist getan, auch wenn die herstellende Industrie nach wie vor zu den größten Arbeitgebern gehört. Doch Victoria fällt immer wieder durch Innovationen auf – in Biotechnologie, Design, Medizin und Umwelttechnologien zum Beispiel.

Südaustralien und Adelaide

Wo Wein und Honig fließen

Adelaide ist eine der beschaulicheren Großstädte.. Nur selten schafft es die Hauptstadt Südaustraliens in das Hauptnachrichtenprogramm des Fünften Kontinents. Doch die elegante Stadt mit ihren historischen Gebäuden, Kirchen und schön angelegten Parks hat eine Menge Lebensqualität zu bieten. Obwohl sie eine Million Einwohner hat, wird sie auch gern die 20 Minuten-Stadt genannt, da alles einfach und schnell erreichbar ist. Und auch Adelaides Umgebung hat etliche Reize: traumhafte Strände, das naturbelassene Kangaroo Island, Outback pur in den Flinders Ranges oder die berühmteste Weingegend Australiens – das Barossa Valley (Südaustralien ist für 70 % des Weinexports zuständig, wobei Deutschland zu den wichtigsten Abnehmern zählt). Im Barossa Valley kann man übrigens auch den Spuren der ersten deutschen Einwanderer folgen. Seit Mitte des 19. Jahrhunderts strömten vor allem Protestanten nach Down Under, die in der Heimat wegen ihrer Religion verfolgt wurden. Deutsche Dörfer in Südaustralien sind zum Beispiel Hahndorf, Klemzig, Lobethal oder Bethany. Dort gibt es auch immer noch viele deutsche Produkte wie Marmelade, Wein, Brot und Wurstwaren.

Adelaide hat sich außerdem einen Namen als die Stadt der Festivals gemacht: hier werden die Wagner-Festspiele, das Adelaide Bank Festival of Arts, die Clipsal 500 (Adelaide's V8 Rennen), der Adelaide Fringe, das Musikfestival WOMADelaide oder die Tour Down Under, das größte Radlerevent des Landes, veranstaltet.

"Savoir Vivre" – das verstehen die Bewohner Südaustraliens voll und ganz. Nicht umsonst sind ihr Wein und ihr Essen im ganzen Land berühmt. In Adelaide gibt es die größten Markthallen der südlichen Hemisphäre, die Adelaide Central Markets, und das National Wine Centre of Australia.

Größter Industriesektor Adelaides ist die Automobilindustrie, die über 8000 Angestellte beschäftigt. Holden produziert hier und etliche Komponentenzulieferer haben sich in Südaustralien angesiedelt. 2014 wurde jedoch bekannt, dass Toyota, Holden und Ford die lokale Produktion in Australien bis spätestens 2017 einstellen werden – ein Schritt, der vor allem Südaustralien wirtschaftlich schwer treffen wird und wo die Ansiedlung von Ersatzindustrien in den kommenden Jahren in Südaustralien Vorrang haben muss.

Tasmanien und Hobart

Natur pur

Tasmanien besticht vor allem durch seine idyllischen Orte (Hobart, Launceston, Port Arthur...) und die beeindruckende Natur: dichte Wälder, klare Seen und Schnee bedeckte Berge bilden eine häufig unvorstellbare Szenerie. Tasmanien ist die größte Insel und der einzige Inselstaat. Es liegt 240 Kilometer vom Festland entfernt und besitzt 2000 Kilometer an Wanderwegen. Tasmanien ist ein beliebtes, aber beschauliches Urlaubsziel. Seine Hauptstadt Hobart erblüht einmal im Jahr in Glanz und Gloria, wenn es Zielort für die international renommierte Segelregatta „Sydney to Hobart" zwischen Weihnachten und Neujahr spielt. Auch für Wissenschaftler ist Hobart mit seinen 200.000 Einwohnern nicht uninteressant, da es Ausgangspunkt von Expeditionen in die Antarktis ist. Hier befindet sich das Hauptquartier der *Australian Antarctic Division* und der Heimathafen der Antarktis-Zulieferer-Schiffe.

Tasmaniens wirtschaftliche Stärke liegt ganz im Bereich der Lebensmittelproduktion. Hier werden exzellente Milch- und Käseprodukte hergestellt; es wird Bier gebraut, Wein gekeltert und Lachs und Wild werden gezüchtet. Außerdem bringt die wilde Abalone-Fischerei (Seeohren – Muscheln) rund 100 Millionen Dollar an Einnahmen pro Jahr.
Eine weitere wichtige Rolle spielt die Papiererzeugung, für die teils – wie zuvor erwähnt – leider wertvolle Wälder auf Tasmanien weichen müssen.

Northern Territory und Darwin

Entrückt vom Rest der Welt

Neben den Millionenstädten der Ostküste wirken die wichtigen Orte des Northern Territorys klein. Darwin hat knapp 140.000 Einwohner und Alice Springs mitten im Zentrum bringt es auf nicht einmal 30.000. Beide Orte sind von Adelaide aus mit einem berühmten Zug zu erreichen, dem Ghan. Der Streckenabschnitt von Alice Springs nach Darwin wurde erst Anfang 2004 fertiggestellt – ein historisches Datum bei der Erschließung des Landes.

Darwin hat ein feuchtheißes, tropisches Klima und ist ein Schmelztiegel der Kulturen. Am berühmten Mindil Beach Sunset Market vermischen sich zum Beispiel Nationalitäten und soziale Schichten. Da riecht es nach Räucherstäbchen, indischen Currys und überreifen Mangos.

Darwin ist als Hafen ein wichtiges Tor nach Asien und ein bedeutender Militärstandort. Urlauber finden hier dagegen einen guten Ausgangspunkt zu Touren in den Kakadu und Litchfield National Park.

Die Stadt selbst hat eine bewegte Vergangenheit. Sie wurde 1869 gegründet und als zwei Jahre später Gold im nahen Pine Creek gefunden wurde, explodierte die Bevölkerungszahl schlagartig. Im Zweiten Weltkrieg wurde Darwin als Militärbasis im Kampf gegen die Japaner genutzt; 1974 zerstörte der Zyklon Tracy die Stadt weitgehend.

Alice Springs ist die zentralste Stadt des Kontinents. Es ist mitten im roten Zentrum, 1500 Kilometer von Adelaide im Süden und weitere 1500 von Darwin im Norden entfernt. Es ist heiß wie eine Bratpfanne (35 Grad ist die sommerliche Durchschnittstemperatur!), umgeben von roter Erde und viel Nichts. Alice Springs ist zudem einer der Orte, wo der Besucher auf immer neue Überraschungen stößt. Da gibt es gut sortierte Supermärkte, Banken und Luxushotels. Ob dies aber zum dauerhaften Leben reicht, muss gut überlegt werden. Überhaupt ist das gesamte Northern Territory schwer greifbar für einen Europäer. Es ist so

groß wie Frankreich, Italien und Spanien zusammen, hat aber nur etwas mehr als 200 000 Einwohner.
Das Northern Territory spielt wirtschaftlich aber eine bedeutende Rolle für den Staat. Hier befinden sich große Resourcen an Gold, Diamanten und Uran. Vor allem China und Indien sind Abnehmer für den Haupt-Uranproduzenten, Ranger Mine. Vor Darwin liegen auch große Öl- und Gasfelder in der Timor Sea, die seit einigen Jahren das Interesse internationaler Ölfirmen auf sich ziehen.

Queensland und Brisbane

In tropischen Gefilden

Queensland erlebt im Moment einen unglaublichen Wirtschaftsboom, den man fast schon mit einem Goldrausch vergleichen kann. Jede Woche ziehen zwischen 1000 und 1500 Menschen von anderen Teilen des Landes in den Sonnenstaat im Nordosten. Arbeitskräfte werden an jeder Ecke gesucht und die Infrastrukturprojekte stapeln sich. Queensland hat sich in vielen Bereichen gemausert: Bio- und Informationstechnologie, die Glücksspiel- (Games-) Industrie, Medizin, Bauindustrie, Finanzindustrie – sie alle suchen fast schon verzweifelt Arbeitskräfte. Ingenieure, Krankenschwestern und Buchhalter unter vielem anderen. Der Reichtum des Staates, der fast viereinhalb Mal so groß ist wie Deutschland, beruht hauptsächlich auf dem Export von Bodenschätzen wie z.B. Kohle sowie der Ausfuhr von Rindfleisch. Viele Faktoren sprechen für einen Neustart in Queensland: das ganzjährig warme Klima und die meist entspannte Arbeitsatmosphäre. Brisbane ist die einzige der großen Städte, in der man nicht unbedingt mit Anzug und Krawatte, Kostüm und Stöckelschuhen zur Arbeit kommen muss (mehr dazu im Kapitel Job). Graham Turner zum Beispiel, ein Engländer, der die größte Reisebürokette aufgebaut hat (Flight Centre), ist immer leger gekleidet und sitzt wie alle anderen Mitarbeiter im Großraumbüro.

Doch Queenslands Städte können sich auch sonst sehen lassen. Brisbane oder Brissie, wie die Hauptstadt Queenslands liebevoll genannt wird, ist mit ihren über zwei Millionen Einwohnern deutlich besser als ihr Ruf. Auch wenn ihr markante Sehenswürdigkeiten fehlen, so besticht die Metropole durch ihren tropischen und leicht asiatisch angehauchten Charme. Der Brisbane-Fluss mäandert in unzähligen Biegungen und Schleifen durch die Stadt und koloniale Architektur erinnert an frühere Pionierzeiten. Denn Brisbane war einst eine Strafkolonie für besonders renitente Gefangene, wobei der heutige Botanische Garten der Gemüsegarten der Sträflinge war.

Queensland ist auch eine Hochburg des Fremdenverkehrs. Im Norden und Süden von Brisbane liegen zwei der beliebtesten Urlaubsregionen der Australier: die Gold Coast mit der Party-Hochburg Surfers Paradise und die Sunshine Coast mit dem etwas beschaulicheren Noosa im Norden. Auch Cairns ganz im Nordosten ist ein Stopp für viele Urlauber. Wie die Gold Coast oder die Sunshine Coast ist auch Cairns eine perfekt organisierte Vermarktung von Urlaub. Doch trotz des vielen Kommerzes besticht die Stadt durch ihre Umgebung: das Great Barrier Reef, das weltweit größte Korallenriff der Erde, der Daintree-Regenwald, die Atherton-Tablelands (das Hinterland von Cairns), die Quadratkilometer großen Zuckerrohrfelder – bieten definitiv eine Abwechslung zu dem, was man aus Europa kennt. Vor allem, wenn man dann auch noch die erste Python vom Baum hängen sieht oder bei einer Bootstour einem Krokodil ins Maul schaut.

Westaustralien und Perth

Kilometerlanges Nichts

Westaustralien ist ein weiterer Bundesstaat, der ein starkes wirtschaftliches Wachstum verzeichnet. Bodenschätze wie Eisenerz, Bauxit, Uran, Kohle, Kupfer, Gold, Mangan und Nickel haben ganz Australien reich gemacht, doch Westaustralien hat ebenso wie Queensland besonders davon profitiert. Manche Stadtteile in der am Swan River gelegenen Hauptstadt Perth bersten geradewegs vor zuviel Geld. Eine mondäne, wenn auch meist nicht unbedingt geschmackvolle Villa steht hier neben der anderen. Riesige Infrastruktur- und Bauprojekte (beim Thema Infrastruktur besteht ein gewaltiger Aufholbedarf!) bestimmen Perth, dessen Stadtbild sich von Jahr zu Jahr zu verändern scheint (durchaus auch mit viel positiven Projekten). Perth selbst hat mit seinen rund zwei Millionen Einwohnern eine ganz besondere Stellung. Zum einen ist es eines der reichsten und blühendsten Zentren des Fünften Kontinents, zum anderen ist es ab vom Schuss. Zwei bis drei Stunden Zeitunterschied sind es zum Rest des Landes, ein mehrstündiger Flug verbindet es mit den anderen Metropolen Sydney, Melbourne oder Brisbane. Asien ist da fast genauso nah ...

Diese Faktoren isolieren Westaustralien oftmals und auch die großen Entfernungen zwischen den Städten Perth-Kalgoorlie (596 km), Perth-Geraldton (424 km) und Perth-Broome (2237 km) machen das Leben nicht immer einfach.

Doch Perth hat es trotz seiner Abgeschiedenheit geschafft, ein fast schon „hippes und trendiges“ Bild zu vermitteln. Dazu tragen seine Bewohner genauso bei wie die modernen Hochhäuser des CBDs (Central Business District – die jeweilige Innenstadt), der schnuckelige und historische Vorort Fremantle oder die endlosen Strände mitten in der Stadt, die man aufgrund des angenehmen Klimas fast das ganze Jahr nutzen kann.

Hier an den Stränden ist bereits um sechs Uhr morgens was los, denn ganz Perth scheint aus Fitnessfanatikern zu bestehen. Selbst im Winter sind hier – bei nur wenigen Plusgraden – Jogger, Schwimmer, Radfahrer und Spaziergänger in allen Altersklassen unterwegs. Man kennt sich, hält einen kleinen „Chat“ am Morgen, geht danach auf einen Kaffee und einen Muffin ins Stammcafe direkt am Beach. Perth, das ist auch viel Lebensgefühl...

Australian Capital Territory und Canberra

Eine Gartenstadt

Canberra ist die künstlich angelegte Hauptstadt, die entstand, nachdem man sich weder auf Sydney noch auf Melbourne als Hauptstadt einigen konnte. Canberra ist mit dem Auto in drei Stunden von Sydney aus zu erreichen. Es liegt in Richtung Landesinnere und ist sehr „geplant" und übersichtlich. Weite Straßen, große Parkanlagen, schöne Museen, kleine Seen mit Fontänen, ein imposantes Parlament etc. Wer es wagen sollte, Canberra zu Fuß zu erkunden, der muss dies schnell aufgeben ... Die Entfernungen in der nicht einmal 400.000 Einwohner zählenden Stadt sind riesig. Ob Canberra schön ist ... – da scheiden sich die Geister. Es ist auf alle Fälle sehr sauber, sehr großzügig und sehr interessant. Hier kann man viel über das Land und seine Geschichte, Kultur und Politik lernen. Letztere wird in Canberra gemacht. Das Parlament dort besteht aus zwei Kammern, dem Senat (mit 76 Sitzen – 12 aus jedem der sechs Staaten und zwei aus den beiden Territorien) und dem House of Representatives (mit 150 Sitzen). Die meisten Einwohner Canberras sind gutsituiert. Das Durchschnittseinkommen der Bevölkerung liegt deutlich über dem in anderen Staaten. Canberras Einwohner sind Politiker, Diplomaten, Journalisten, Angestellte des öffentlichen Dienstes und Akademiker. Denn Canberra ist für seine Forschungsinstitute und -agenturen wie die CSIRO bekannt. Das ACT hat dafür keine bedeutenden Industrien – der öffentliche Sektor dominiert die Wirtschaft Canberras.

Leben in regionalen Gegenden

Outback – Wo sich Fuchs und Hase gute Nacht sagen

Wer sich für einen kleineren Ort in Küstennähe entscheidet, der wird ähnlichen Integrationsschwierigkeiten gegenüberstehen wie in einer ländlichen Region bei uns. Wer sich jedoch für eine Outbackregion entscheidet – dort wo Städte und Dörfer immer spärlicher werden, der steht Bedingungen gegenüber, die einem Europäer bis dato unbekannt waren.

Die trockenen und halbtrockenen Outbackregionen haben eine faszinierende Anziehungskraft auf viele. Sensationelle Sonnenuntergänge, die rote Erde, Kängurus, Dingos oder große Goanna-Echsen machen das Outback zu einem oft verklärten Ort. Wer hier aber dauerhaft leben möchte, muss sich auch andere Aspekte vor Augen halten: Trockenheit, Hitze, Sandstürme, Fliegen, giftige

Spinnen und Schlangen, Buschbrände, extreme Entfernungen, wenig Zivilisation und viel Einsamkeit. Es gibt einzelne Farmen von 10 bis 30.000 Quadratkilometer Fläche, vergleichbar mit manchem kleinen europäischen Land.
Insgesamt leben ungefähr zwei Drittel der Bevölkerung in den großen Städten – über 68 Prozent, weitere 29 % in regionalen Gegenden und nicht einmal drei Prozent in abgelegenen oder sehr abgelegenen Orten.

Auf Sicherheit achten

Entsprechend der geringen Besiedelung ist auch die Infrastruktur oft mangelhaft. Der Stuart Highway ist der einzige große Highway, der den Süden mit dem Norden verbindet, und der Ghan ist der einzige Zug auf der Strecke. Das Land von Ost nach West zu durchqueren, ist sogar noch schwieriger. Einzelne Orte und auch Tankstellen sind oft 500 Kilometer weit und mehr auseinander. Deshalb empfiehlt es sich, bei Fahrten durchs Outback an gewisse Sicherheitsvorkehrungen zu denken.

- Ausreichend Wasser und Essen mitnehmen.
- An jeder Tankstelle nachtanken!
- Gutes Kartenmaterial.

Wer im Outback eine Panne hat, verlasse niemals das Auto, um Hilfe zu holen. Bei einer Suche aus der Luft wird ein Auto immer einfacher zu sehen sein und außerdem bietet es Schutz, spendet Schatten etc.
Auch die Straßen selbst sind nicht ungefährlich, da sie zum einen natürlich auch von den vielen Wildtieren überquert werden (dies ist besonders gefährlich in der Dämmerung oder nachts) und zum anderen von den gewaltigen Roadtrains befahren werden. Einen Roadtrain zu überholen, kann aufgrund seiner Länge (drei Anhänger!) sehr schwierig sein, vor allem die herumfliegenden Steine können Scheiben beschädigen und zu Unfällen führen.

Schulunterricht im Outback

Wer mit Familie ins (wirklich entlegene) Outback zieht, der kann seine Kinder zwischen 6 und 12 Jahren durch die „School of the Air" unterrichten lassen, Schulunterricht über Funk. Später müssen die Kinder dann aber ins Internat.

Ärztliche Hilfe aus der Luft

Die medizinische Versorgung wird über den „Royal Flying Doctor Service" geleistet. Das sind fliegende Ärzte und Krankenschwestern, die verletzte und kranke Menschen auf über sieben Millionen Quadratkilometern Outback behandeln. Rund 50 Flugzeuge sind im Einsatz, und über 700 Angestellte arbeiten für den Service. Wichtig zu wissen ist, dass die Ärzte nur dann zu Hilfe kommen können, wenn es auch einen Airstrip oder eine Landebahn gibt. Grundsätzlich sollte aber ohnehin jeder Outbackbewohner ein Notfallpaket mit Medikamenten zu Hause haben.

Ureinwohner

Abseits der großen Städte wohnen auch die meisten Ureinwohner. Es ist schwierig, in wenigen Worten etwas über eine jahrtausendealte Kultur zu schreiben, die so vielfältig und komplex ist, dass die wenigsten weißen Australier sich wirklich ihrer angenähert haben. Die Ureinwohner, die Aboriginal People, leben seit wahrscheinlich 40 bis 60.000 Jahren auf dem Fünften Kontinent. Sie zählen knapp eine halbe Million Menschen und sind nicht ein Volk, sondern viele. Die einzelnen Stämme sprechen unterschiedliche Sprachen und haben unterschiedliche Traditionen. Während in den Städten oft Bilder von Alkoholismus und Drogen die Aboriginal-Gemeinden prägen, leben die Ureinwohner in den einsam gelegenen Dörfern oft noch recht ursprünglich. Doch der „Weiße Mann" hat sich in fast alle ihrer Territorien gedrängt, ihnen Land und viele Rechte genommen und ihre Kultur großteils zerstört. Eines der wenigen noch komplett „reinen Aboriginal-Territorien" ist zum Beispiel das Arnhem Land im Northern Territory, wo Besucher eine Sondergenehmigung brauchen.

Traditionelle Ureinwohner haben eine vollkommen andere Lebensweise als wir westlich orientierte Menschen. Regelmäßigkeit oder Pünktlichkeit zum Beispiel sind nicht gleichermaßen in ihrer Kultur verankert. Auch die Form der klassischen Familie ist eine andere. In Aboriginal-Familien spielt zum Beispiel die Verwandtschaft eine große Rolle. Die Kinder wissen von früh an, wer zur Familie gehört und wer nicht. Das müssen aber nicht unbedingt Blutsverwandte sein. Wichtig ist, dass jeder innerhalb dieser Familie teilt und sich umeinander kümmert. Oft ziehen Tanten und Omas die Kinder genauso mit auf, wie die eigenen Eltern. Von früh an sind Aboriginal People deshalb sehr selbstständig und kommen gut alleine zurecht. Deshalb gelten sie auch früh schon als Erwachsene. Zwischen 10 und 16 Jahren erfahren sie eine sogenannte Initiation. Das ist eine Zeremonie, bei der sie vom Jungen zum Mann bzw. vom Mädchen zur Frau werden.

Leider hört man vor allem in der jüngeren Vergangenheit nicht nur idyllische Geschichten von Walkabouts, Buschtomaten oder Witchetty Grubs (die Larven von Motten, die im Inneren wie ein weiches Ei schmecken sollen und bei den Ureinwohnern als Delikatesse gelten). Vor allem im einsamen Northern Territory, wo der Hauptanteil der Aboriginal People lebt, kommt es in den Dörfern immer wieder zu sexueller Gewalt gegenüber Frauen und Kindern. Dies hatte zeitweise solche Ausmaße angenommen, dass die Regierung sogar Polizei und Militär aus Canberra geschickt hatte, um der Situation wieder Herr zu werden. Eine positive Wende nahm die nicht nur durch diese Aktion belastete Beziehung zwischen Regierung und Ureinwohnern aber am 13. Februar 2008. Der damalige

Labor Premier Kevin Rudd entschuldigte sich offiziell bei den Aboriginal People für vergangenes Unrecht wie die sogenannten "Stolen Generations". Von Anfang 1900 bis in die 70er Jahre hatte die Regierung aus rassistischen Gründen den Aboriginal-Eltern die Kinder genommen und in Waisenhäusern oder Pflegefamilien untergebracht. 2013 segnete das Unterhaus zudem einen Gesetzesentwurf ab, der die Ureinwohner als die ersten Bewohner des Kontinents in der Verfassung anerkennen soll. Ein Referendum soll die Verfassung, die die Ureinwohner des Landes bisher unerwähnt ließ, endgültig modifizieren.

Exkurs

Nach drei Monaten in Alice Springs hatten Carola und Björn aus Limburg die Nase voll.

Outback – nein danke!

Carola Fegebank und Björn Elter waren mit dem Working Holiday Visum ein Jahr in Australien. Späteres Auswandern nicht ausgeschlossen ... Denn Carola hatte schon vor ihrer Ankunft einen Job als Reiseverkehrsfrau in einem Reisebüro in Alice Springs im Zentrum Australiens in der Tasche. Und das Versprechen eines Sponsorships, wenn sie es nur zwei Jahre lang im Outback aushielte ...

Noch daheim in Limburg hatte Carola am Flughafen als Supervisor gearbeitet und Björn bei einer Versicherung. „Super Jobs“ – wie ihre Freunde kopfschüttelnd sagten, als sie diese kündigten, um Hals über Kopf nach Australien zu reisen. Doch vor allem Carola zog es in die weite Welt.

Drei Monate hielten sie es in Alice Springs aus, Carola in ihrem Reisebüro und Björn in seinen zwei Jobs als Tour Guide und Kellner: „Die Jobs lagen auf der Straße; ich fand noch am ersten Tag etwas“, sagt Björn. Auch die Wohnungssuche klappte ohne größere Probleme. Für ein modernes Dreizimmer-Apartment zahlten sie nur 265 $ in der Woche. Nur mit ihrem etwas älteren Modell von einem Auto gab es Probleme. „Das gab nach 348000 Kilometern schließlich seinen Geist auf, natürlich gerade als meine Eltern zu Besuch waren“, erzählt Carola. „Wir waren zwischen Alice Springs und dem Ayers Rock unterwegs, als das Auto nur noch piepte und das Kühlwasser kochte.“ Und das ist kein kurzer Weg, denn im Northern Territory haben Entfernungen andere Dimensionen als in Europa. Glücklicherweise ist die Strecke nicht so einsam wie so manch andere im Outback, auch wenn die beiden Orte immerhin fünf Autostunden von einander entfernt sind. So war Hilfe nicht weit weg – „und hilfsbereit sind die Australier alle!“

Das Northern Territory ist viermal so groß wie Deutschland, 33 Mal so groß wie die Schweiz und 16 Mal so groß wie Österreich. Nur etwas über 200.000 Menschen aus über 90 unterschiedlichen Kulturen leben dort, wo es heiß und staubig ist und viele Fliegen eine der größten Plagen für Mensch und Tier sind. „Vor allem nach einem Regen in der Nähe einer Viehstation – da darf man einfach nicht stehenbleiben, da muss man sich immer bewegen", lacht Björn. Die Fliegen kriechen sonst überall hin, an die Augen, in die Nase, den Mund, die Ohren ...

Ungebetene Gäste waren die beiden während ihres Outback-Abenteuers aber ziemlich schnell gewöhnt: giftige Rotrückenspinnen, Riesenkakerlaken, handtellergroße aber harmlose Huntsman-Spinnen und einen Skorpion fanden sie in ihrer Wohnung. Schlangen blieben den beiden zumindest zu Hause erspart: „Doch in der Wildnis haben wir schon mal die eine oder andere gesehen." Und die sind dort so giftig wie sonst nirgendwo. Der Inlandtaipan zum Beispiel gilt als die giftigste Schlange weltweit.

Doch nicht nur kleine Tiere machten Carola und Björn zu schaffen. „Einmal gingen wir in den MacDonald Ranges in einem Wasserloch schwimmen. Björn war schon im Wasser und während wir uns versahen, klaute ein Dingo ihm einen seiner Schlappen." Der freche Dingo ward nie mehr gesehen und Björn musste sich auf einem Bein hüpfend umherbewegen, denn die rote Erde heizt sich bei 35 bis 40 Grad Temperatur gewaltig auf.

Ein anderes Mal hatte es sogar 46 Grad. „Danach gab es ein gewaltiges Gewitter und es prasselte nur so runter. Selbst der Todd River, der eigentlich immer ausgetrocknet ist, führte Wasser. Alle Leute rannten zum Fluss, manche gingen sogar schwimmen. Es kühlte auf 19 Grad ab und uns war so kalt, dass wir uns nachts zum Wärmen noch Handtücher über die Bettdecken legten", erinnert sich Carola.

Obwohl sie in Alice Springs mitten im Aboriginal-Land lebten, „fand ein Leben mit den Aboriginal People leider nicht statt." Erst registriere man sie überall und dann irgendwann nicht mehr. Björn und Carola fanden das schade: „Manche sind sehr nett, aber in Alice Springs sind leider viele, die zuviel trinken." Die Probleme, die die Ureinwohner umgeben, sind insgesamt vielschichtig. „Die Stämme, die um Alice Springs leben, sind alle verfeindet. Das kann dann bedeuten, dass kein Aboriginal mehr bei dem Autohändler kauft, der einen feindlichen Stammesgenossen eingestellt hat."

Doch es gab auch Vieles, an das sich die Beiden heute noch gerne zurück erinnern: „Die Sterne sieht man nirgendwo besser als im Outback." Denn dort fehlen die vielen Lichtquellen der Zivilisation, die das Sternenlicht trüben. „Wir haben sogar den Kometen Mac Nord gesehen, das war genial."

Genossen haben sie auch die tollen Ausflugsmöglichkeiten zum Ayers Rock oder in die MacDonald Ranges, doch insgesamt gab es einfach zu wenig Ablenkung für die Beiden. „Am Wochenende gab es einfach nichts zu tun für junge

Leute. Das mag anders sein, wenn man Kinder hat, aber in unserem Alter kann man hier einfach nur sieben Tage die Woche arbeiten.“
Alice Springs ist mit seinen knapp 30.000 Einwohnern zwar die größte Stadt im Outback, doch trotzdem: „Jeder kennt dort jeden, und über die Geschichte mit dem Dingo und Björns Schlappen redete zum Beispiel die ganze Stadt.“ Schneller als gedacht waren Carola und Björn bekannt wie die bunten Hunde und das, obwohl sie noch zu den „Normaleren“ in Alice Springs gehörten. „Es gibt dort einfach viele Wunderliche. Jemanden mit Kordel-Hut, Kniestrümpfen bis zum Knie, T-Shirt und kurzer Hose zu sehen, ist da nichts Ungewöhnliches.“

Carola und Björn haben ihren Traum inzwischen aufgegeben. Sie sind aber bei weitem nicht unglücklich, sondern froh, die Erfahrung gemacht zu haben.
Ihre Erfahrungen sollen niemanden davon abhalten, es auch im heißen Zentrum zu versuchen. Viele Deutsche, Österreicher und Schweizer haben dort auch ihr Glück gefunden. Doch man lässt sich auf einen nochmals deutlich größeren Kulturschock ein als im Rest des Landes.

MENTALITÄT

„Kulturschock“

Australier sind grundsätzlich freundlich und offen. „No worries, mate“ oder „keine Sorge, mein Freund“ hört man tatsächlich häufig im Alltagsleben. Aussies, wie die Australier sich selbst gerne nennen (in ihrem Versuch, alles und jeden abzukürzen) sind nicht einfach in einen Streit zu verwickeln. Die meisten sind die Ruhe selbst und das so sehr, dass mancher Europäer da schon ganz kribbelig wird: zum Beispiel, wenn Freunde oder ein Handwerker unpünktlich sind; oder wenn kaum einer einen Anruf oder eine Email beantwortet und man immer hinter allem her sein muss...

Australier helfen gerne

Wer drängelt, erreicht nichts. Vielmehr hilft es, den Aussies den Eindruck zu vermitteln, man brauche ihre Hilfe. Denn die gesamte Nation hat ein extremes Helfersyndrom. Jeder will etwas Gutes tun. Fundraising (Spenden sammeln) für Bedürftigere und Hilfsorganisationen sowie Freiwilligenarbeit werden groß geschrieben. Die Surf Rescue (Rettungsschwimmer) spielt bei letzterer eine wichtige Rolle. Viele arbeiten an den Wochenenden ehrenamtlich. Es gibt die „Lifesaver“ schon seit 1907, und sie haben inzwischen über 600.000 Menschen gerettet. Jung und alt helfen zusammen; viele bürden sich Extrajobs auf, obwohl sie schon Beschäftigung genug haben. In Manly Beach in Sydney arbeiten zum Beispiel vier Mütter, alle um die 40 Jahre, mit zusammen neun Kindern und obendrauf noch anstrengenden Vollzeitjobs. Community-Denken wird groß geschrieben und gemeinsame Unternehmungen ebenfalls. Familien treffen sich zum Beispiel meist samstagmorgens, um ihren Kindern beim Sport zuzuschauen. Dabei kommt man schnell ins Gespräch, denn ein Aussie steht nie schweigend neben einem anderen. Egal ob in der Schlange im Supermarkt, beim Arzt oder im Bus – jeder unterhält sich normalerweise mit jedem.

Gesprächsthemen und Humoristisches

Reden kann man über fast alles – nur bei wenigen Themen gebührt Vorsicht. Australier reden nicht gerne über Politik (dafür interessieren sich viele einfach nicht), übers Geld (Verdienst) oder über die Ureinwohner (Aboriginal People) . Wer dieses Thema anspricht, kann teilweise den friedlichsten Australier erzürnen und herauskommen manchmal erschreckend rassistische Bemerkungen. Ebenfalls schwierig ist es, den lakonischen Humor der Australier von Anfang an zu verstehen und noch schwerer ist es, mit deutschem Humor bei einem Australier zu punkten. Bei Deutschen und Österreichern behaupten die Australier übrigens immer, das Tabuthema sei der Krieg („Don't mention the war" – das wird man sicher öfter zu hören bekommen).

Gutes Benehmen und Verhalten gegenüber Kindern

Australier sind höfliche Menschen. Es wird einem die Tür aufgehalten, „bitte" und „danke" sind selbstverständlich, und schon Kinder werden zu sehr guten Manieren angehalten. Teenager springen oftmals mit einem „Sorry, Mam" oder „Sorry, Sir" zur Seite, wenn sie im Weg stehen und erstaunen damit viele Europäer. Kinder wachsen sehr behütet auf. In den großen Städten werden sie oft von den Eltern zur Schule hin- und zurückgefahren. Bevor man Kinder fotografiert oder filmt, auch wenn es Freunde der eigenen Kinder sind, sollte man die anderen Eltern fragen. Die gesamte Thematik wird recht sensibel behandelt und ist mit vielen Vorurteilen belegt. Sportlehrer dürfen im Unterricht nicht einmal Hilfestellung leisten, denn Kinder werden nicht angefasst – die Angst vor Pädophilen hat ein fast schon unnatürliches Ausmaß angenommen.

Der „Underdog"

Australier sind Kämpfernaturen. Sie lieben den „Underdog" und das Aussie-Icon schlechthin dafür ist John Symond. Der Australier stand vor dem Nichts. Durch einen falschen Deal hatte er alles verloren: seine Ersparnisse, seine Firma, sein Familienhaus und seine Ehefrau. Er war mit mehreren Millionen verschuldet, doch statt sich in einem Schneckenhaus zu verkriechen und sich zu bedauern, stieg Symond wie der Phönix aus der Asche. 1992 gründete er die Aussie Home Loans, den ersten Hypothekenverleiher Australiens, der keine Bank war. Acht Jahre dauerte es, bis Aussie Home Loans wirklich Geld abwarfen, doch heute hat das Unternehmen über 220.000 Kunden und ein Kreditbuch über 20 Milliarden Dollar. Tausend Leute arbeiten für Aussie John, wie Symond im Volksmund liebevoll genannt wird. Er gehört zu den reichsten Männern des Fünften Kontinents, sein Vermögen wird auf 470 Millionen Dollar geschätzt und die Australier sind stolz auf ihn. Auf der Straße kann er keine zehn Meter gehen, ohne dass ihn nicht jemand erkennt und ihm die Hand schütteln wollte.

Küche

Während das Essen grundsätzlich gut und gesund ist, so gibt es nach wie vor einige Vorlieben, die Nichtaustralier nur schwer nachvollziehen können. Jedes Kind in Down Under wächst – beinahe von Geburt an – mit Vegemite auf, ein ungemein salziger Hefeextrakt, der mit Butter auf Brot verzehrt wird. Eigentlich schmeckt es wie Maggie, soll aber sehr viel Vitamin B enthalten. Nicht jedermanns Sache sind auch Meat Pies (mit allem möglichen, teilweise sehr obskuren Dingen gefüllte Fleischkuchen), Lamingtons (ein trockener, in Kokos gerollter Kuchen) oder Pavlova (ein süßer Baiserkuchen mit verschiedenem Obst wie Mango oder Passionsfrucht und Schlagsahne). Die meisten Ausländer können sich da schon eher für den Aussie-Barbecue erwärmen, bei dem sich die Männer mit einem Bier im „Stubby-Holder" (eine Art Kühlhalter für die Bierflasche) am Grill versammeln, während alle Frauen abseits sitzen. Bier wird in deutlich kleineren Portionen konsumiert als in Deutschland, dafür aber mit Sicherheit in der Quantität nicht weniger. Australier sind höchst trinkfest. Wichtig ist dabei aber immer: Das Bier muss kalt sein (s. auch Kapitel Freizeittipps)!

Nachrichtensendungen

Gewöhnungsbedürftig für einen fast schon überinformierten Mitteleuropäer sind die nationalen Nachrichtensendungen im Fernsehen. Sie beschränken sich meist auf sensationelle Nachrichten, Boulevardnews, Sport, australische Themen und vor allem die Anzahl der Verkehrstoten nach einem langen Wochenende oder nach den Ferien. Australier sind besessen von der Statistik ihrer Verkehrstoten – so scheint es. Internationale Nachrichten spielen leider eine untergeordnete Rolle und auch Kulturelles steht meist hinten an. Eine breitere Information und den Blick über den Tellerrand hinaus erhält man eigentlich nur beim internationalen Sender SBS. (s. auch Kapitel Freizeittipps)

Nationalstolz und wichtige Feiertage

Australier haben deutlich mehr Nationalstolz als Deutsche. Am Australia Day (26.1.) wird zum Beispiel nicht nur der Ankunft der ersten Flotte mit Strafgefangenen 1788 gedacht, sondern es wird auch gefeiert, was Australien und seine Bevölkerung zu etwas Besonderen macht, zum Beispiel den „Spirit von Fairness und Kameradschaft“ (mateship) und Australien als „the land of opportunities“ schlechthin. An diesem Tag feiert sich das Land selbst: Flaggen werden geschwenkt, Gesichter bemalt. Doch das Ganze ist keine selbstverliebte Schau, sondern eine fröhliche und freundliche Party im ganzen Land.

Weitere wichtige Feiertage für das Land sind: der ANZAC Day am 25. April, an dem der vielen Kriegsgefallenen (vor allem im Ersten und Zweiten Weltkrieg) gedacht wird. Außerdem ist am Queen's Birthday frei, der nicht gemäß des echten Geburtstages der britischen Königin im April stattfindet, sondern am zweiten Montag im Juni (mit Ausnahme von Westaustralien, das kurz zuvor schon einen eigenen Feiertag begeht und den Geburtstag der Königin deshalb entweder Ende September oder Anfang Oktober feiert). Feiertage sind auch der erste und zweite Weihnachtstag (Christmas Day und Boxing Day). Weihnachten ist sicher ein ungewöhnliches Ereignis für Auswanderer im ersten Jahr. Es ist meist heiß, oftmals wüten Buschbrände und die australischen Traditionen mit Christmas Crackern (lustige Papierbonbons zum Aufreißen, in denen meist kleine Spielsachen und Witze sind), kaltem Braten oder Seafood oder einem Barbecue sind erstmal ungewohnt. Es gibt weder Weihnachtsmärkte noch Glühwein; niemand backt Plätzchen oder ist besonders besinnlich. Dafür werden viele Häuser mit ganzen Lichterparaden geschmückt (der Stromverbrauch muss gewaltig sein). Es gibt stimmungsvolle Abende mit Weihnachtsliedern (die Australier sind einfach top beim Organisieren eines Events) und viele gut gelaunte Leute, denn es ist Sommer und Ferienzeit. Ein Tipp für Heimwehkranke an dieser Stelle: Adventskalender sind aber doch in den meisten Supermärkten und Lebkuchen bei Aldi (ja, der existiert auch Down Under!) erhältlich.

Bürokratie versus „No worries“-Mentalität

Eine Überraschung werden viele erleben, die mit öffentlichen Ämtern zu tun haben. Denn auch Australien ist recht bürokratisch – nicht nur Deutschland, Österreich oder die Schweiz. Die entspannte „No worries“-Mentalität hört auf, wenn es ums Formulareausfüllen beim Arbeitsamt Centrelink, der Einwanderungsbehörde oder bei Medicare (der staatlichen Krankenkasse) geht.

Sport, Glücksspiel und Pferderennen

Australier sind sportbesessen. Auch wenn viele mit Übergewicht kämpfen und Sport wahrscheinlich eher im Fernsehen konsumieren ... Doch die Strände sind voll mit Wassersportlern und Joggern und schon in der Schule spielt Sport eine große Rolle. Die beliebtesten Sportarten im Fernsehen sind Australian Rules Football, Rugby und Cricket. Australier haben aber auch eine intensive Spiele-Leidenschaft. (Gaming) In vielen Pubs finden sich Poker-Maschinen (Spielautomaten). Casinos und Clubs, die Glückspiel anbieten, sind stets rege besucht. Auch die Wettleidenschaft ist groß. Pferderennen werden wie in Großbritannien im elegantesten Outfit besucht. Die Damen führen ihre besten Kleider und Hüte aus, während die Herren Anzug und Krawatte tragen. Das berühmteste Pferderennen ist der Melbourne Cup. Um drei Uhr nachmittags am ersten Novemberdienstag schaut die gesamte Nation auf Melbourne. Dort steht dann das gesamte Businessleben still. Der Melbourne Cup ist eines der schwierigsten Rennen der Welt. 3200 Meter müssen die edlen Rennpferde zurücklegen und das auch noch mit Gewichten beschwert. Denn die Regel lautet: je besser das Rennpferd, umso mehr zusätzliches Gewicht muss es tragen, so dass auch schwächere Teilnehmer eine Chance erhalten.

Anmerkung: Bei all diesen Beobachtungen sind natürlich auch viele Klischees dabei. Nicht jeder Australier ist gleich und doch hoffe ich, dass dieses „Hintergrundwissen“ beim Start in Down Under hilft.

VISUM

Türöffner

Um von Europa einwandern zu können, ist zunächst ein gültiges Visum nötig. Nur mit diesem „Türöffner“ darf man hier leben und arbeiten. Wer illegal einreist – also nicht um Urlaub zu machen, sondern um im Land zu bleiben, dem kann sogar eine Deportation in eines der gefürchteten Detention Centres (Auffanglager für illegale Einwanderer, die Gefängnissen ähneln) drohen. Das folgende Kapitel wurde zusammen mit der deutschen Einwanderungsberaterin Margot Obrist (www.migration-advice.com) erstellt.

Einwanderungsberater

Das Thema Visum ist nicht unkompliziert. Leider verändern sich die Bedingungen, die Visakategorien, die gesuchten Berufe etc. häufig. Deshalb ist es wichtig, dieses Kapitel nur als Basisinformation zu nutzen und die aktuellen Gegebenheiten stets unter den genannten Internetadressen nachzuprüfen. Wichtig ist es auch, beim Visumsantrag keine Formfehler zu begehen und wichtige Unterlagen (Geburts- und Heiratsurkunde, Schul-, Universitäts- und andere Ausbildungsabschlüsse, polizeiliches Führungszeugnis, Arbeitszeugnisse etc.) beglaubigt und übersetzt bereitzuhalten. Insgesamt gibt es um die hundert Visa-Kategorien. Wenn die Lage nicht von vorne herein sehr positiv aussieht (australischer Partner, gesuchter Beruf, Employer Sponsored) kann es ratsam sein, einen der zugelassenen Einwanderungsberater einzuschalten. Dieser kann darüber aufklären, wie erfolgversprechend ein solcher Antrag ist und ob es lohnt, die Kosten (s. auch weiter unten) und Mühen auf sich zu nehmen.

Ein Einwanderungsberater findet sich zum Beispiel über die Webseite des *Office of the Migration Agents Registration Authority* in Australien: www.mara.com.au, oder über das *Migration Institute of Australia* www.mia.org.au. Auf der ersten Webseite findet man auch eine ungefähre Übersicht über die Beratungsgebühren, die anfallen.

Nicht vergessen, dass ein Visum zwar dazu berechtigt, im Land zu leben und zu arbeiten, dass es aber keine Gewähr gibt, dort auch eine Stelle zu finden. Neue Einwanderer müssen erst zwei Jahre im Land sein, um Sozialleistungen erhalten zu können. Arbeitssuchende können sich nicht auf Arbeitslosengeld verlassen, sondern müssen sich selbst zwischenfinanzieren.

Temporäre versus permanente Visa

Es gilt zwischen zeitlich begrenzten und unbegrenzten Visa zu unterscheiden. Temporäre Visa sind einfacher erhältlich und verlangen nicht die gleichen strengen Voraussetzungen wie ein Dauervisum. Allerdings steht einem mit einem temporären Visum keine soziale Absicherung und auch keine Mitgliedschaft in der Krankenkasse Medicare zu (mit wenigen Ausnahmen). Man hat sich über eine eigene private Krankenkasse zu versichern. Mit einem permanenten Visum ist man dagegen Medicare-berechtigt – bei den anderen Sozialleistungen hat man die erwähnte Wartezeit von zwei Jahren.

Wichtigste Visa-Kategorien

- Skilled Visa (für qualifizierte Fachkräfte)
- Employer Sponsored (Fachleute, die ein Arbeitgeber ins Land holt)
- Business Visa (für Geschäftsleute)
- Investor Retirement Visa
- Partner & Family Visa (Partner und Kinder / Eltern)
- Student Visa (Studenten)
- Working Holiday Visa (für junge Leute unter 31 – ein bis zwei Jahre Arbeiten und Urlaub machen in Down Under)

Gute Bedingungen bestehen bei

- einer guten Qualifikation (anerkannte und abgeschlossene Schul- und Berufsausbildung/abgeschlossenes Studium)
- ausreichend Arbeitserfahrung im gewählten Beruf
- einem der gesuchten Berufe (siehe Skilled Visa)
- einem Alter unter 45 Jahren

- guten Englischkenntnissen
- familiären Verbindungen nach Australien
- guten Investitionsmöglichkeiten (siehe Business Visa und Investor Retirement Visa)
- der Bereitschaft in eine ländliche Region (regional area) zu gehen (mindestens für zwei Jahre!)

Gefragte Berufe

Obwohl auch in Australien die Arbeitslosenzahlen in den vergangenen Jahren gestiegen sind, "leidet" das Land nach wie vor an einem sogenannten Skill Shortage. Das heißt, durch boomende Wirtschaftszweige, einem notwendigen Ausbau der Infrastruktur und dem Rohstoffbedarf aus Asien braucht der fünfte Kontinent in manchen Bereichen deutlich mehr qualifizierte Arbeitnehmer, als das Land selbst bieten kann. Deshalb sucht man dringend Ärzte, Krankenschwestern, Ingenieure, IT Fachleute und Handwerker. Durch die wirtschaftlichen Unruhen der vergangenen Jahre sind die Anforderungen in den vergangenen Jahren etwas nach oben geschraubt worden.

Hier eine Liste aller gesuchten Berufe:

- www.immi.gov.au/allforms/pdf/1121i.pdf
  (SOL Listen für Skilled Migration u. CSOL für gesponserte Positionen)
- SOL:
  http://www.immi.gov.au/Work/Pages/skilled-occupations-lists/sol.aspx
- CSOL:
  http://www.immi.gov.au/Work/Pages/skilled-occupations-lists/csol.aspx

Erster Ansprechpartner beim Thema Visum – auch für Schweizer Bürger – ist die

Australische Botschaft, *Wallstr. 76-79, 10179 Berlin,*
Tel: +49 (0) 30 / 880088-0, Fax: +49 (0) 30 / 880088-210
info@australian-embassy.de, bei Visafragen: visaquestions.berlin@dfat.gov.au
www.germany.embassy.gov.au
Visainformationsdienst: Tel: +49 (0) 69 / 222 239958, Mo-Fr 10-13 Uhr, 14-17 Uhr // Fax: +49 (0) 30 / 22489292
Sprechzeiten Visaschalter: Mo, Mi, Fr 9-11 UhrAuf der Seite der australischen Botschaft in Deutschland liegt auch eine Übersicht der Visumsgebühren vor.
Für deutsche Staatsbürger: www.germany.embassy.gov.au/beln/fees.html

Für österreichische Staatsbürger:

Australische Botschaft, *Mattiellistraße 2-4, 1040 Wien,*
Tel: +43 (0) 1 – 506 740, Fax: +43 (0) 1 – 504 1178
austemb@aon.at, www.australian-embassy.at

Abgesehen von den Visagebühren fallen folgende Kosten an:

- Skills Assessment (Anerkennung der Qualifikationen – siehe unten)
- Englischtest
- Medizinische Untersuchungen
- Polizeiliches Führungszeugnisse (für den Charaktertest)
- Beglaubigung und Übersetzung der Dokumente

Für eine Familie mit zwei Kindern kann man in der Kategorie General Skilled Migration zum Beispiel mit rund 6000 $ alleine für die Visumsgebühren rechnen. Diese Kosten enthalten weder die oben angeführten Zusatzkosten, noch die Gebühren eines Einwanderungsberaters noch werden sie bei Ablehnung des Antrags erstattet.

Näheres zum Visum

... findet man natürlich auch auf den Seiten der Einwanderungsbehörde in Australien (DIBP – Department of Immigration and Border Protection), allerdings nur auf Englisch: www.immi.gov.au

Sämtliche Formulare und Informationsbroschüren zu den Visatypen finden sich unter www.immi.gov.au/allforms/booklets/iforms_alpha.htm

Weitere Tipps, Infos und Begriffserklärungen vorab

Beglaubigung und Übersetzung der Dokumente.
Staatlich geprüfte Übersetzer findet man bei den Verbänden der Dolmetscher und Übersetzer:

- Deutschland: www.bdue.de
- Schweiz: www.duev.ch
- Österreich: www.universitas.org
- Australien: www.naati.com.au

Amtliche Beglaubigungen von Kopien können in der Bundesrepublik Deutschland durch öffentliche Stellen, wie zum Beispiel die Gemeinde, oder von einem Notar vorgenommen werden. Letzteres gilt auch für Österreich und die Schweiz. In Australien beglaubigen sogenannte „Justices of Peace" (kostenlos). Die Links zu den Seiten der einzelnen Staaten (wo man seinen nächst gelegenen JP suchen kann) findet man auf der Webseite des Australian Government Attorney-General's Department www.ag.gov.au.

IELTS Sprachtest

IELTS, International English Language Testing System, ist eine international anerkannte Sprachprüfung. Der Test wurde vom British Council, dem University of Cambridge ESOL Examination Board und IDP (International Development Program) Education Australia entwickelt und wird an verschiedenen Testzentren des British Council und in den Carl Duisberg Zentren angeboten. Prüfungsorte sind Berlin, Bremen, Hamburg, Leipzig, Köln, Dortmund, München, Mannheim, Hannover, Radolfzell und Freiburg. Der Test kostet im Moment 170 Euro.

Die Anmeldung ist zum Beispiel per Post oder online möglich. Es gibt immer eine Auswahl an Prüfungsterminen, doch manchmal sind diese schon weit im Voraus ausgebucht. Also rechtzeitig planen! Für den Test selbst sollte man den gesamten Tag planen. Wer nicht ohnehin schon flüssige Englischkenntnisse oder gar Englisch studiert hat, der sollte sich auf den Test gut vorbereiten. Die Prüfung besteht aus vier Teilen: einem Hörtest (Verständnis der Sprache – 40 Min.), einem Lesetest (ebenfalls Verständnis der Sprache – eine Stunde), Schreiben (Aufsatz – eine Stunde) und einem 15- minütigen Prüfungsgespräch.

Auf der Test-Homepage www.ielts.org kann man kostenlose Beispielaufgaben ausprobieren und kostenpflichtiges Übungsmaterial bei den Testzentren anfordern. Wer hier zu studieren beabsichtigt, muss das Academic Module wählen, bei einer Einwanderung reicht jedoch in der Regel das General Training Module (Ausnahmen gibt es in einigen Berufen, z.B. im Gesundheitssystem). Bei den Testergebnissen rangieren die Noten von 0 (Non User) bis 9 (Expert User).

Gute Testergebnisse geben auch höhere Punkte im Punktetest. Für manche Berufsanerkennungsbehörden sind zudem bessere IELTS-Ergebnisse nötig (z.B. Medical Board, Engineers Australia, ..). Auch manche Staaten haben für die Skilled Nominated Visa höhere Ansprüche.

Der Test muss vor Antragstellung erfolgen. Er darf nicht älter als drei Jahre sein.

Näheres, Daten und Adressen zum IELTS-Test beim British Council:
www.britishcouncil.org/takeielts oder über

British Council Berlin, *Alexanderplatz 1, 10178 Berlin*
Tel: +49 (0) 30 311 099-10 Informationen zum IELTS-Test, Mo.-F. zw. 11 u. 13 Uhr sowie 14. 16 Uhr oder per E-Mail ielts.plus@britishcouncil.de

Österreichische Kandidaten wenden sich bitte an das
British Council Wien,
Siebensterngasse 21, 1070 Wien, Tel: +43 (0) 1 533 26 16.

und Schweizer Kandidaten an das
British Council Bern, *Sennweg 2, 3000 Bern 7, Tel: +41 (0) 31 560 37 94.*

Medizinische Tests
Bei den medizinischen Tests ist eine physische Untersuchung zu absolvieren, ein Hör- und Sehtest, eine Urinanalyse, ein Röntgenbild (u.a. zwecks Tuberkuloseüberprüfung – dies gilt nur ab 16 Jahren) und ein HIV Test für alle ab 15 Jahren. Die gesamte Untersuchung ist nur zwölf Monate gültig, wobei die einzelnen Bereiche dabei innerhalb von jeweils drei Monaten liegen müssen. Augenblicklich wird empfohlen, die Aufforderung des DIBP für diese Tests abzuwarten.

Was sind eigentlich „Regional Areas"?
Dieser Begriff taucht immer wieder auf, denn in diesen „ländlichen" Regionen mangelt es besonders an Fachkräften und die einzelnen Staaten bemühen sich, Auswanderer dorthin zu „locken". Als „Regional Areas" werden bezeichnet: alle Regionen in NSW außer Sydney, Newcastle, Central Coast und Wollongong, Queensland außer Brisbane und die Gold Coast, Victoria außer Melbourne und Westaustralien außer Perth. Die Staaten Südaustralien, Tasmanien und Northern Territory zählen komplett als „Regional Areas". Das heißt, Adelaide ist die einzige große Stadt, die als „regional" gilt!

Wartezeiten
Temporäre Visa wie das Working Holiday Visum oder das Studentenvisa werden meist recht schnell ausgestellt. Gesponserte Visas können sich dagegen oft etwas hinziehen. Wichtig ist von Anfang an alle Unterlagen fehlerfrei bereit zu stellen. Bei Skilled Visa Anträgen ist die Wartezeit im Augenblick um die drei Monate. Manchmal können sich die Wartezeiten aber auch empfindlich verändern.

Wichtigste Visatypen

1. Skilled Visa (= Dauervisum)
Diese Visakategorien sollen den Mangel an qualifizierten Arbeitskräften überbrücken. Hier wird streng gesiebt, niemandem wird ein Visum „hinterhergeschmissen". Die „Skilled Visa" eignen sich für Bewerber mit Universitätsabschluss, einer abgeschlossenen Berufsausbildung oder langjähriger Arbeitserfahrung in einem Lehrberuf. Auch Handwerker brauchen eine formale Ausbildung! Wer den Zuschlag erhält, gewinnt damit eine Daueraufenthaltsgenehmigung.

Ein Visum aus dieser Klasse ist das sog. „Independent". Wie für fast alle Skilled Visaklassen, muss man auch für dieses Visum einen Punktetest absolvieren.

Zu erfüllen sind dabei:

- Alter (unter 50 Jahren)
- Berufliche Qualifikation – muss vorab anerkannt werden;

- Der Beruf muss auf der "Skilled Occupation List" der Regierung vorkommen: www.immi.gov.au/allforms/pdf/1121i.pdf (SOL oder CSOL – je nach Visum)

Vor der Bewerbung hat man einen Test seiner beruflichen Fähigkeiten bei einer „Australian Skills Assessing Authority“ zu absolvieren. (siehe unten)

- Nachweis der Länge der Arbeitserfahrung
- Nachweis englischer Sprachkenntnisse (siehe IELTS – Test)
- Nachweis der nötigen Gesundheitstests
- Charaktertest (es darf also keine kriminelle Vergangenheit vorhanden sein. Ein polizeiliches Führungszeugnis, nicht älter als zwölf Monate, ist vorzulegen)

Die beiden letzten Anforderungen müssen erfüllt werden – geben aber keine Punkte im Test!

Positiv wirken sich aus:

- Ein gutes Skill Assessment des Ehepartners – in Verbindung mit Englischtest und passendem Alter. (Ein 50-jähriger Ingenieur ohne Englischkenntnisse bringt leider nichts)
- Arbeitserfahrung in Australien
- Ausbildung in Australien

Besonders gesucht werden im Moment Ingenieure, medizinische Berufe, Buchhalter, Handwerksberufe im Baugewerbe und Computerspezialisten. Die Liste wird aber halbjährlich überarbeitet.
Siehe www.immi.gov.au/allforms/pdf/1121i.pdf

Inhaber eines Skilled Visa haben gute Chancen auf einen Arbeitsplatz. Aber natürlich besteht keine Garantie. Aufgrund der weltweiten Finanzkrise waren auch hier die eigentlich sehr geringen Arbeitslosenzahlen etwas gestiegen. Deswegen wird – wie oben erwähnt – erwartet, dass die hohen Einwanderungsquoten in den kommenden Jahren immer weiter nach unten gefahren werden.
Oftmals suchen regionale Zentren verstärkt nach Arbeitskräften und jeder Staat bzw. jedes Territory hat eigene Anforderungen und Bedürfnisse. Deshalb haben alle zusätzlich zur DIBP's auch noch eine eigene „Occupation in Demand List“.

Folgende Webseiten sind einen Klick wert:

- Australian Capital Territory, www.business.act.gov.au
- New South Wales, www.business.nsw.gov.au
- Northern Territory, www.migration.nt.gov.au
- Queensland, www.workliveplay.qld.gov.au
- Südaustralien, www.migration.sa.gov.au

- Tasmanien, www.development.tas.gov.au
- Victoria, www.liveinvictoria.vic.gov.au
- Westaustralien, www.migration.wa.gov.au

Skills Assessing Authorities

Das sind die Stellen, die die berufliche Qualifikation überprüfen – je nach Berufssparte. Wo der jeweilige Beruf einzuordnen ist und wer für die Anerkennung zuständig ist, das lässt sich über folgende Webseite herausfinden: www.immi.gov.au.
Unter dem Bereich ASRI = Australian Skills Recognition Information
Ein Skills Asessment ist im Augenblick drei Jahre gültig.

Punktetest

Qualifikation	Details	Punkte
Alter	18-24 Jahre	25
	25-32 Jahre	30
	33-39 Jahre	25
	40-44 Jahre (bei 45-49 Jahre keine Punkte)	15
Englisch	Proficient English (gutes Englisch), IELTS 7 (schlechtere Testnote keine Punkte)	10
	Superior English (ausgezeichnetes Englisch), IELTS 8	20
Berufserfahrung außerhalb Australiens (für einen Beruf auf der Liste der gesuchten Berufe SOL oder CSOL)	Mindestens 3-5 Jahre Berufserfahrung (in vergangenen zehn Jahren)	5
	Mindestens 5-8 Jahre Berufserfahrung (in vergangenen zehn Jahren)	10
	Mindestens 8-10 Jahre Berufserfahrung (in vergangenen zehn Jahren)	15
Berufserfahrung in Australien (für einen Beruf auf der Liste der gesuchten Berufe SOL oder CSOL)	Mindestens 1-3 Jahre Berufserfahrung (in vergangenen zehn Jahren)	5
	Mindestens 3-5 Jahre Berufserfahrung (in vergangenen zehn Jahren)	10

	Mindestens 5-8 Jahre Berufserfahrung (in vergangenen zehn Jahren)	15
	Mindestens 8-10 Jahre Berufserfahrung (in vergangenen zehn Jahren)	20
Australische Qualifikation	Doctorate (min.zwei Jahre)	20
	Masters, Honours, Bachelor (min. drei Jahre)	15
	Degree, Diploma oder Berufsausbildung, anerkanntes Studium/Ausbildung	5 bzw. 10
Australische Arbeitserfahrung – Professional Year	12 Monate australische Arbeitserfahrung - Professional Year. Hier nimmt man an einem speziell ausgewiesenen Programm teil – möglich für Steuerberater, IT-Spezialisten und Ingenieure in Zusammenarbeit mit den jeweiligen Skills Assessing Authority.	5
Qualifikationen des Partners	Ehepartner oder Beziehungspartner entspricht den General Skilled Migration-Kriterien (inkl. Berufsanerkennung)	5
Studium in Regional Australia	Zwei Jahre Studium in Regional Australia (siehe Erklärung im Text)	5
Nomination	Visa Bewerber wird von der Regierung eines Staates oder Territory nominiert, gesponsert bzw. von einem Familienmitglied	5 bzw. 10
Community Language	Anerkannte Qualifikationen in Community Language (dazu gehört auch Deutsch!) Der Antragsteller muss sich aber von NAATI als Translator oder Interpreter prüfen und akkreditieren lassen.	5

Visaklassen

Mögliche Visaklassen im Skilled-Bereich	Pass Mark (Stand 2015)
189 – Skilled Independent	60
190 – Skilled Nominated	60

489 – Skilled Regional (Provisional)	60
186 – Employer Nomination Scheme (Kein Punktetest – Arbeitgeber gesponsert)	-
187 - Regional Sponsored Migration Scheme (Kein Punktetest – Arbeitgeber gesponsert)	-

Wie funktioniert´s?
Bevor man sich um ein Skilled Visum bewirbt, muss man bei der australischen Einwanderungsbehörde unter Skill Select (www.skillselect.gov.au) eine sogenannte „Expression of Interest“ einreichen. Danach heißt es erst einmal warten. Erst wenn die Behörde einen auffordert, einen Antrag zu stellen, wirds wirklich ernst. Die „Expression of Interest“ kann unterschiedlich lange dauern, je nachdem wie viele Punkte man hat (das muss bereits angegeben werden) und wie viele sich zum gleichen Zeitpunkt angemeldet haben. Wichtig ist, schon bei der „Expression of Interest“ sorgfältig zu arbeiten. Sobald die Einladung da ist und die Punkte dann doch nicht nachgewiesen werden können oder man bereits in eine andere Alterskategorie fällt, kann es sein, dass der Antrag ohne weitere Prüfung abgelehnt wird.
Papieranträge gibt es übrigens nicht mehr! Anträge müssen online gestellt werden über einen 'Immi Account'. Siehe 'Skill Select' www.skillselect.gov.au

2. Employer Sponsored Visa
Bei den von einem Arbeitgeber gesponserten Visa gibt es die Variante des unbefristeten Employer Sponsored Visa (ENS/RSMS) oder des befristeten 457 Temporary Work Visa.
Dieses kann beantragen, wer von einem passenden Arbeitgeber gesponsert wird, der ihn beim Visumsantrag unterstützt und ihm eine Arbeitsstelle anbietet. Diese Möglichkeit bietet sich vor allem Auswanderern an, die zum Beispiel nicht genug Punkte für ein „Skilled Independent“ zusammenbekommen, also gewisse Voraussetzungen nicht erfüllen oder nicht bereit sind, gewisse Einschränkungen in Kauf zu nehmen. Das 457 Visum ist dabei erstmal nur ein befristetes Visum, auch wenn einem die dadurch gewonnene Arbeitserfahrung später bei der Beantragung eines permanenten Visums hilft.

Das Visum wird normalerweise über den Arbeitgeber geregelt, der im Falle einer größeren Firma auch meist einen Auswandererberater hinzuzieht. Für den Auswanderer ist das natürlich eine der einfacheren Übungen – die Kunst liegt hier vielmehr darin, solch einen Sponsor zu finden – vor allem, wenn man vielleicht nicht vor Ort suchen kann.

Im Überblick:

Was muss der Arbeitgeber tun?

Der Arbeitgeber muss sich zunächst bei der Einwanderungsbehörde als "Standard Business Sponsor" (Im Falle des 457-Visums) anerkennen lassen. Darüberhinaus muss der Sponsor zum Beispiel beweisen, dass es sich bei seinem Geschäft um ein gesetzestreues Unternehmen handelt, und dass das Sponsorship zum Wohle Australiens ist. Er muss weiter nachweisen, dass er eine offene Stelle hat, die er nicht besetzen kann. Wenn eine neue Stelle geschaffen wird, müssen Arbeitgeber detailliert nachweisen, warum die Stelle geschaffen wurde und warum kein Einheimischer eingestellt werden konnte. Die ausgeschriebene Stelle sollte auf der folgenden "Occupation List" der Regierung sein
(s. www.immi.gov.au/allforms/pdf/1121i.pdf),
wobei der Sponsor zumindest das von der Regierung festgesetzte 'Temporary Skilled Migration Income Threshold', oder TSMIT, eine Art Mindestgehalt, zu bezahlen hat. Arbeitgeber können das Gehalt des Antragstellers jedoch nicht einfach auf das geforderte Level anheben, denn sie dürfen niemanden bevorzugen. Das erschwert es kleineren Betrieben und Handwerkern außerhalb der Ballungsräume, die die Bedingungen meist nicht mehr erfüllen können, weil sie ansonsten ihrer gesamten Belegschaft eine Gehaltserhöhung zahlen müssten.

Ablauf des Visumsantrags – 457 Temporary Work Visa

- Sponsorship eines Arbeitgebers
- Nominierung des Arbeitgebers
- Visumsantrag

Ablauf des unbefristeten ENS

- Nominierung des Arbeitgebers
- Visumsantrag

Regionale Variante des unbefristeten Visums – RSMS hat dagegen wieder drei Schritte:

- Zertifikation des Berufes
- Nominierung des Arbeitgebers
- Visumsantrag

Wer bereits mit einem 457-Visum bei einem Sponsor arbeitet, für den wird es relativ einfach gemacht, auf eine der unbefristeten Varianten zu wechseln. Um ein permanentes Visum zu erhalten, liegen die Hürden beim Antrag höher – wie bei einem Skilled Visum. Der Antragsteller darf dann zum Beispiel nicht über 50 Jahre alt sein. Bei einem befristeten Visum ist dieser Faktor eher vernachlässigbar. Bei Arbeitgebern in ländlichen Regionen werden diese Bedingungen übrigens erheblich gelockert.

Visumsanträge online unter:
http://www.immi.gov.au/Services/Pages/employer-sponsored-workers-online-applications.aspx

3. Business Skills/Innovation and Investment Visa – Visa für Geschäftsleute

Sogenannte Business Skills / Innovation and Investment Visa versuchen, erfolgreiche Geschäftsleute ins Land zu bringen, um neue oder bestehende Geschäfte aufzubauen bzw. weiterzuentwickeln. Dazu gehören Business Innovation and Investment Visa oder Business Talent Visa beispielsweise.. Geschäftsinhaber, Senior Executives und Investoren können sich unter diesen Kategorien für temporäre und permanente Visa bewerben. Hochqualifizierte Geschäftsleute können auch ein Sponsorship eines Bundesstaates oder Territory erhalten.Solche, die nur für kürzere Aufenthalte bis zu drei Monaten einreisen wollen, um Business Meetings etc. abzuhalten, brauchen wie auch Urlauber nur ein Urlaubsvisum per ETA (Electronic Travel Authority). Dies kann vom Reisebüro der Firma eingetragen werden oder im Internet unter
http://www.immi.gov.au/Visas/Pages/651.aspx. Die echten Business Skills and Investment Visa sind dagegen in jeder Version höchst komplex, so dass es sich empfiehlt, die Hilfe eines eingeschriebenen Einwanderungsagenten in Anspruch zu nehmen. Allerdings bestehen hier auch exzellente Chancen, einen guten Anfang zu finden. Da es in dieser Kategorie zahlreiche unterschiedliche Visatypen gibt, anbei nur ein Beispiel, das die Komplexität des Visumstyps zeigt.

Beispiel: *Business Talent* (Permanent) Visa (Subclass 132)
Mit diesem Visum kann man eine neue Firma in Australien gründen oder eine bestehende weiterentwickeln. Es soll hochkarätige Geschäftsleute ansprechen oder Venture Capitalists. Für dieses Visum benötigt man entweder die Nominierung eines Bundesstaates oder Territorys via einer Regierungsbehörde oder direkt über einen Minister.
Antragsteller müssen ein Vermögen von mindestens 1, 5 Millionen Dollar nachweisen können und einen Geschäftsumsatz von mindestens drei Millionen Dollar (Significant Business History Stream) oder sie müssen mindestens eine Million Venture Capital Funding im Hintergrund haben (Venture Capital Entrepreneur Stream)
Visumsantrag des oben genannten Visums:
http://www.immi.gov.au/Visas/Pages/132.aspx

4. Sponsorship von Partnern und Familienmitgliedern
Partner Visa

Partner Visa können verheiratete Paare und de facto Partner beantragen. Dies gilt auch für gleichgeschlechtliche Partner. Einer der Partner muss die australische oder neuseeländische Staatsbürgerschaft oder eine Permanent Residency besitzen. Zunächst wird ein befristetes Visum vergeben, das später (im Durchschnitt nach zwei Jahren) jedoch in ein Dauervisum umgewandelt werden kann, wenn die Beziehung nach wie vor besteht und dies auch nachweisbar ist. Wer heiraten möchte, sollte auch ein sogenanntes „Prospective Marriage Visum" beantragen und muss innerhalb von neun Monaten einreisen und heiraten.

Formular zum Visumsantrag unter: www.immi.gov.au/allforms/pdf/47sp.pdf

Eltern Visa

Eltern-Visa können von Müttern und Vätern beantragt werden, wenn mehr oder gleich viele ihrer Kinder hier leben und die australische oder neuseeländische Staatsbürgerschaft oder Permanent Residency besitzen. Für dieses Visum wird ein sogenannter Familientest gemacht.
Das heißt zum Beispiel: jemand lebt in Deutschland und hat zwei Kinder – eines in Australien und eines in Deutschland = Familientest bestanden.
Wenn die gleiche Person drei Kinder hat, zwei in Deutschland und eines in Australien = durchgefallen.
Bei drei Kindern in drei verschiedenen Ländern = Familientest bestanden.

Weitere Anforderungen sind unter anderem:

- Der Sponsor bzw. das Kind muss seinen Dauerwohnsitz eine angemessene Zeit in Australien gehabt haben.
- Gesundheitstests müssen absolviert und gewisse Anforderungen erfüllt werden.
- Die Versorgung der Eltern muss sichergestellt sein.

Nicht viele Eltern-Visa werden jährlich genehmigt (nur 1000 Stück); die Wartelisten sind lang, bis zu 30 Jahren heißt es augenblicklich. Viele Eltern werden die Zuteilung ihres Visums demnach gar nicht mehr erleben.
Deutlich schneller wird dieser Visumstyp beantragt, wenn man unter die sogenannte "Contributory Parent Category" fällt (3500 Visa werden hier pro Jahr vergeben). In dieser Kategorie ist eine deutlich höhere Gebühr zu zahlen, um steigende Gesundheitskosten abzudecken.

Formular zum Visumsantrag unter: www.immi.gov.au/allforms/pdf/47pa.pdf

Visa für Kinder

Kinder können gesponsert werden, solange sie unter 18 Jahren alt sind oder zwischen 18 und 25 und nach wie vor finanziell abhängig (z.B. Student, noch in Ausbildung). Die Kinder dürfen noch nicht Vollzeit arbeiten, selbst bereits verheiratet sein oder verheiratet gewesen sein. Behinderte Kinder können auch noch ab dem 18. Lebensjahr gesponsert werden, wenn sie auf die Hilfe der Eltern angewiesen sind (und den medizinischen Test trotz ihrer Behinderung bestanden haben). Ferner gibt es Familienvisa für verwaiste, unverheiratete Verwandte

unter 18 Jahren und Familienmitglieder, deren gesamte Familie in Australien ist bis auf sie selbst.
Formular zum Visumsantrag unter: www.immi.gov.au/allforms/pdf/47ch.pdf

5. Beliebte Visakategorien bei befristeten Aufenthalten
Retirement Visa – Rentnervisum (Keine Neuanträge mehr)
Noch vor kurzem war es deutlich einfacher, hier seinen Lebensabend als Rentner zu verbringen. Doch das neue Investor Retirement Visa hat dieses ehemalige Rentnervisum ersetzt. Nur Rentner, die im Moment noch im Besitz des „alten" Visums sind, können sich alle zwei Jahre um die üblichen Verlängerungen des Visums bewerben.

Das neue Retirement Visa...

... ist nur etwas für wohlhabende Pensionäre mit ausreichend Guthaben auf ihrem Bankkonto, die hier investieren wollen. Das Visum wird auf vier Jahre ausgestellt mit Verlängerungen über weitere vier Jahre.

Anforderungen sind unter anderem:

- Ein Sponsorship von einem Staat oder Territory Australiens. Das heißt, man muss ein Investment in den Government Treasury Bond des jeweiligen Bundesstaates oder Territories tätigen. (750 000 $ oder 500 000 $ in ländlichen Regionen)
- Man muss mindestens 55 Jahre alt sein und darf niemanden mitbringen außer dem eigenen Lebenspartner.
- Ausreichend finanzielle Mittel sind nachzuweisen, um in hier leben zu können (750 000 $ oder 500 000 $ in ländlichen Regionen plus ein Nettoeinkommen pro Jahr aus Anlageerlösen oder Rente von 65 000 $ oder 50 000 $ in ländlichen Regionen.)
- Eine private Krankenversicherung, da keinerlei Ansprüche auf das australische Sozialsystem bestehen.

Mit diesem Visumstyp darf man zu keiner Zeit mehr als 20 Stunden pro Woche arbeiten.
Näheres unter: http://www.immi.gov.au/visas/pages/405.aspx

Student Visa – Studentenvisum

Die Regierung bietet das sogenannte Overseas Student Programm (OSP) an, gemäß dem ausländische Studenten in hier studieren können. Die Möglichkeiten sind dabei vielfältig: ein Intensiv-Sprachkurs, eine berufsbezogene Ausbildung am TAFE (mit unserer Berufsschule vergleichbar), ein Universitätsstudium mit den Abschlüssen Bachelor, Master oder PhD (Doktortitel) kommen zum Beispiel in Frage. Bei einem Studium, einen Sprachkurs oder auch einer Berufsausbildung fallen Gebühren an (s. Kapitel „Auswandern auf Zeit").

Vor dem Antrag für ein Studentenvisum braucht man: die Zusage der jeweiligen Universität/Schule, das sogenannte „Confirmation of Enrolment“ (COE), eine private Krankenversicherung sowie ausreichend finanzielle Mittel, um die oben erwähnten Studiengebühren und das tägliche Leben bestreiten zu können. Bei einem Studium ist zudem der akademische Level des IELTS Test zu absolvieren (siehe oben)

Während des Studiums müssen mindestens 80% des Stundenplanes eingehalten werden und zufriedenstellende Prüfungsergebnisse erzielt werden. Das Visum selbst muss unbedingt vor Antritt des Kurses oder Studiums beantragt werden und wird nur genehmigt, wenn die Ausbildung von einem bei der Regierung registrierten Bildungsinstitut angeboten wird und dieses auch ausländischen Studenten Kurse anbieten darf.

Wer studiert, darf 20 Stunden pro Studienwoche arbeiten und Vollzeit während der Semesterferien.
Jährlich kommen rund 200.000 Studenten aus aller Welt. Viele entscheiden sich, auch nach ihrem Studium hier zu bleiben und bewerben sich um eine Permanent Residency gemäß des Skilled Migration Programmes oder (was eher zum Erfolg führt) suchen sich vor Ort einen Arbeitgeber, der sie sponsert. Die Chancen auf ein Dauervisum nach Abschluss eines Studiums oder einer Berufsausbildung in Australien stehen gut, wenn man in einem 18-monatigen Anschlussvisum noch Arbeitserfahrung sammelt. (Minimum: zwei Jahre Ausbildung und Abschluss in Australien plus 12 Monate Arbeitserfahrung – so sammelt man viele Punkte – siehe Punktetest oben).

Näheres unter: http://www.immi.gov.au/allforms/pdf/157a.pdf

Hier eine Kostenübersicht
www.immi.gov.au/allforms/990i/students-visa-charges.htm

Alles zum Thema Arbeit neben dem Studium
www.immi.gov.au/students/students/working_while_studying/index.htm

Training and Research Visa (Subclass 402) – Visum für ein Praktikum oder einen Forschungsaufenthalt

Dieses Visum teilt sich auf drei Bereiche auf:

- Occupational Trainee Stream
- Professional Development Stream
- Research Stream

Das klassische Praktikum bei einer Firma oder Institution ist dabei der Occupational Trainee Stream. Der Professional Development Stream eignet sich dagegen für alle, die bereits im Arbeitsleben stehen, aber hier ein weiterführendes Trainingsprogramm absolvieren wollen. Dies muss über den Arbeitgeber im Ausland

organisiert werden und ist für bis zu 18 Monate gültig. Der Research Stream ist das richtige Visum für Akademiker, die an einer Universität oder an einem Forschungsinstitut hier forschen wollen.
Näheres unter: http://www.immi.gov.au/visas/pages/402.aspx

Working Holiday Visum

Allen zwischen 18 und 31 Jahren bietet das Working Holiday Visum eine ideale Möglichkeit zum Auswandern auf Zeit. Mit diesem Visum lassen sich Urlaub und Arbeit verbinden, d.h. neben dem Urlaub wird die Reisekasse mit Gelegenheitsjobs aufgebessert, und man kann die Augen nach Jobmöglichkeiten und Sponsoren offen halten.
Mit dem Visum kann man bis zu zwölf Monate ab der ersten Anreise bleiben bzw. 24 Monate, wenn man mindestens drei Monate „Seasonal Work" in einer ländlichen Region leistet. Diese Vereinbarung hat Australien unter anderem mit Deutschland, den Niederlanden, Dänemark oder Großbritannien abgeschlossen. Die Schweiz oder Österreich sind bisher keine derartige Kooperation eingegangen.

Zu den Visumsbedingungen gehören:

- Alter bei Beantragung zwischen 18 und 31 Jahre
- keine unterhaltspflichtigen Kinder
- Urlaubmachen muß Hauptbeweggrund der Reise sein
- Keine Beantragung des ersten Visums von Australien aus (von jedem anderen Land aus ist dies gestattet)
- Gültiger Pass für die Dauer des Aufenthaltes
- Kein Arbeitsverhältnis über sechs Monate hinaus beim gleichen Arbeitgeber
- Keine Teilnahme über vier Monate hinaus an einem Sprachkurs, Studium oder Praktikum
- Pflicht zum Verlassen des Landes nach Ablauf des Visums
- Mögliche Beantragung eines zweiten Working Holiday Visums, falls mindestens drei Monate „Seasonal Work" in einer ländlichen Region nachgewiesen werden können.

Was ist "Seasonal Work"?

Darunter versteht man zum Beispiel:

- Früchte oder Nüsse pflücken, Weinreben oder Bäume zuschneiden
- Allgemeine Erntearbeit
- Weiterverarbeitung von Pflanzenarten, auch Packen und Transport
- Kultivierung von Pflanzen, Pilzen etc.

- Tierpflege, auch Weiterverarbeitung von Tierprodukten, Packen etc.
- Herstellung von Milchprodukten
- Arbeiten in der Fischereiindustrie
- Arbeit in der Perlenindustrie
- Arbeit auf einer Holzplantage

Formular zum Visumsantrag unter: www.immi.gov.au/allforms/pdf/1150.pdf

Anmerkung für Schweizer:

Mit der Schweiz besteht eine Vereinbarung über den Austausch einer begrenzten Zahl sog. Stagiaires (Trainees). Dies sind Berufsanfänger, die Arbeits- und Spracherfahrungen erwerben wollen. Sie können für maximal 18 Monate einreisen. Als Stagiaires bewerben können sich Schweizer Staatsangehörige bis 30 Jahre mit einer abgeschlossenen Berufsausbildung seit mindestens zwei Jahren.

UMZUG

Sack und Pack

Sobald die Hürde Visum überwunden ist, gilt es den Umzug in die neue Heimat zu planen. Es ist schwierig, einen Tipp zu geben, ob es besser wäre, sein Hab und Gut per Container mitzunehmen oder lieber vorab alles zu verkaufen oder zu lagern und sein neues Leben ohne Ballast anzufangen. Wer weiß, wo er genau hinzieht und arbeitet, für den lohnt es sicher, Möbel, Geschirr und Persönliches mitzunehmen. Denn alles neu zu kaufen, kann ganz schön teuer kommen und vertraute Dinge helfen beim Eingewöhnen und Sichzuhausefühlen. Gerade anfangs stürmt eine Menge neuer Eindrücke auf einen ein: neuer Job, Haussuche, neue Freunde finden etc. Wenn man dann wenigstens seine vertrauten Sachen hat, so fühlt man sich schneller heimisch.

Wer aber zum Beispiel nur das Visum in der Tasche hat und noch nicht so genau weiss, wo er eigentlich hin möchte – ob Perth, Sydney, Cairns oder Darwin etc., der sollte lieber ohne großen Ballast anreisen. Denn nationale Umzüge im Land können aufgrund der Entfernungen recht aufwändig sein.

Empfehlenswert und sehr angenehm aber auch teuer ist es, den Umzug von einer internationalen Umzugsfirma ausführen zu lassen (immer ein verbindliches Angebot nennen lassen). Diese kann alles erledigen – vom Packen des Containers, dem LKW-Transport zum Hafen, den Zollabfertigungen in Europa und später in Australien die Auslieferung der Möbel und evtl. sogar die Einrichtung des Hauses. Viele Umzugsfirmen bieten auch Lagermöglichkeiten an, entweder für Möbel und Kisten, die nicht mitgenommmen werden sollen und vor Ort, falls der Container schneller ankommt als man selbst eine geeignete Bleibe gefunden hat. Normalerweise braucht ein Container sechs bis acht Wochen nach Australien (inklusive Zollabwicklung). Je nach Anzahl der Möbel und Umzugskartons werden Container von 33, 5 (20 Fuß) oder 67 (40 Fuß) Kubikmeter angeboten. Günstiger sind Beiladungen – dies gilt für ca. zehn Umzugskartons oder zwölf Kubikmeter. Egal ob der Umzug selbst organisiert wird oder über eines der internationalen Umzugsunternehmen, zu beiden Varianten finden sich über die Suchmaschinen im Internet eine Unmenge an Anbietern.

Ein paar Tipps:

Diverse Angebote von internationalen *Umzugsfirmen* einholen.

Eine Liste von allem *Hab und Gut* erstellen – diese hilft klar zu sehen, was mit soll und was nicht (Flohmarkt!), erleichtert das Angebot für die Umzugsfirma und ist wichtig für die Versicherung des Umzugsguts während des Transports.

Nicht an der *Haftung und Transport-Versicherung* für den Umzug sparen!

Neben den 20 Kilo Fluggepäck können wichtige Dinge auch per *Luftfracht* geschickt werden. Übergepäck kann bei manchen Fluggesellschaften inzwischen sehr teuer sein. Auf *Übergepäck* spezialisierte Dienstleister bieten wesentlich günstigere Preise an. Allerdings kommt das Gepäck dann natürlich ein paar Tage später an, und es kommen eventuell noch Kosten für Zoll, Versicherung und Lagerung am Zielflughafen dazu.

Wichtige Dokumente (Zeugnisse, Geburtsurkunden, Heiratsurkunde etc.) gehören ins Handgepäck!

Das *Auto* per Container verschiffen zu lassen, empfiehlt sich nicht. Denn es müsste hier auf einen Rechtslenker umgerüstet werden, viel zu aufwendig und teuer.

Deutsche *elektrische Geräte* funktionieren auch hierzulande. Die Wechselstromspannung beträgt 220-250 Volt und 50 Hertz. Die Stecker sind dreipolig, das heißt man benötigt einen Adapter. Auch Spülmaschine und Waschmaschine müssen neben dem elektrischen Adapter noch einen Regler für den Wasserdruck bekommen. (einen Druckminderer, denn der Wasserdruck liegt höher). Wer kein geübter „Handwerker“ ist, dem sei empfohlen, bei der Installation einen Elektriker bzw. Klempner ins Haus zu holen.

Haushaltsgeräte wie Spülmaschine, Waschmaschine, Kühlschrank, Staubsauger oder Trockner sind gut gereinigt auf die Reise zu schicken. Keine Wasserrückstände, Essensreste, Flusen etc.! Sonst muss die Reinigung bei der Quarantäne in Australien bezahlt werden (s. auch Zoll- und Quarantänebestimmungen)! Eine Anmerkung zum Thema Waschmaschine: wer sich dafür entscheidet, die Waschmaschine hier zu kaufen, der muss sich daran gewöhnen, dass viele

Modelle Toplader sind, also man die Wäsche von oben einfüllt und es eher üblich ist, mit kaltem Wasser zu waschen.

Beim *DVD Spieler* darauf achten, dass er ohne Länderkodierung ist, denn ansonsten wird ein deutscher DVD Spieler keine australischen DVDs akzeptieren.

Betten und Bettwäsche haben andere Maße. Es gibt entweder Single, King Single, Double, Queen oder King Size: Single 92cm x 188cm, King Single 107cm x 204cm, Double 138cm x 188cm, Queen 153cm x 204cm, King 183cm X 204cm. Europa hat normalerweise 100cm x 200cm pro Matratze. Die meisten Betten sind sogenannte Queen Size Betten. Sie bestehen aus einer etwas größeren Matraze, wobei die Bettdecke (bestehend aus einer dünnen Decke und einem Leintuch) am Rand eingesteckt wird. In solch einer „Zwangsjacke" zu schlafen ist nicht jedermanns Sache. In größeren Kaufhäusern gibt es aber inzwischen auch teilweise europäische Angebote.

Kleiderschränke, Lampen und Ofen sind in den meisten Wohnungen vorhanden – hier lohnt sich eine Mitnahme eher nicht.

Ebenfalls nicht mitnehmen sollte man *Telefon, Anrufbeantworter, Fax oder Modem.* Sie funktionieren hier leider nicht uneingeschränkt. Einen Anrufbeantworter benötigt man ohnehin nicht, falls man die kostenlose Message Bank seines Telefonanbieters nutzt.

Zoll- und Quarantänebestimmungen

Es gelten sehr strenge Zoll- und Quarantänebestimmungen! Grund dafür ist der Schutz einer sehr eigenen Tier- und Pflanzenwelt mit etlichen endemischen, also nirgendwo sonst auf der Welt vorkommenden Arten. Nicht ohne Grund hat das Land deswegen Bedenken, Krankheiten oder fremdartige Pflanzen und Insekten einzuschleppen, wie es in Brisbane mit den Feuerameisen passiert ist. Diese kamen über einen Frachter aus Südamerika ins Land und haben großen Schaden an der Fauna und Flora angerichtet. Es kostete und kostet die Regierung Millionen, diese Plage wieder einzudämmen.

Verboten ist es deswegen, frische Lebensmittel wie Obst, Gemüse, Eier, Milchprodukte, Wurst- Fisch- oder Fleischwaren einzuführen. Auch Pflanzen oder Pflanzenbestandteile, Blumen, Samen, Pflanzenzwiebeln, Pflanzenstecklinge, Stroh und Heu, unbehandeltes Holz und Rinde, Lebend-Tiere, Schuhe und Campingmaterial mit Erdresten etc. Eine Liste verbotener Importe und weitere Details: www.customs.gov.au

Am besten ist es, gar keine Lebensmittel zu packen – das meiste würde sechs bis acht Wochen im Container ohnehin nicht gut überstehen und in Australien kann man auch ohne Probleme viele europäische Produkte kaufen!

Grundsätzlich sind aber zum Beispiel erlaubt: abgepackte bzw. eingeschweißte oder vakuumverpackte Lebensmittel – Nahrungsmittel in Dosen, Süßigkeiten wie Schokolade und Kekse, abgepackte Backzutaten, Wein, Babyfertignahrung, Medizin für den eigenen Gebrauch (aber natürlich keine illegalen

Substanzen, Drogen, Betäubungsmittel etc.), behandelte Tier-, Holz- oder Pflanzenbestandteile (lackierte, behandelte Möbel, ausgestopfte Tiere, die komplett gegerbt sind, wobei einige aber nach Artenschutzgesetzen verboten sind!)
Probleme können darstellen: Muscheln (Korallen und einige Muschelarten sind nach Artenschutzgesetzen verboten!), Bienenprodukte inkl. Bienenwachs und Waben (für Pollen gelten Einfuhrbeschränkungen), Schnitzereien und Kuckucksuhren (Rinde wird entfernt oder muss behandelt werden), kunsthandwerkliche Gegenstände aus pflanzlichem Material (Matten, Taschen und andere Artikel aus Pflanzenmaterial, Palmwedeln oder Blättern – aus Bananenpflanzen hergestellte Artikel sind komplett verboten). Je weniger solcher „fragwürdiger" Dinge im Gepäck oder Container sind, umso weniger Schwierigkeiten und Verzögerungen werden entstehen.

Wenns denn aber sein muss oder man doch etwas dabei hat, das nicht den Bestimmungen entspricht – dann bestehen mehrere Möglichkeiten. Je nach Quarantänerisiko kann man:

- den Artikel behandeln lassen (z.B. durch Ausräucherung, Bestrahlung), um ihn einfuhrsicher zu machen*;
- den Artikel einbehalten lassen, bis eine Einfuhrgenehmigung vorhanden ist**;
- den Artikel wieder exportieren*; oder
- den Artikel vernichten.

*Diese Behandlungen unterliegen einer Gebühr.
** Näheres auf der Website des Landwirtschaftsministeriums
Webseite: www.agriculture.gov.au .

Eine Warnung: Wer quarantänepflichtige Gegenstände nicht deklariert oder falsche Angaben macht (dies gilt auch für die Ankunft am Flughafen), hat mit hohen Bußgeldern oder Strafen zu rechnen, bis hin zu Freiheitsstrafen.

Haustiere

Haustiere einzuführen ist möglich, erfordert aber einen gewissen Aufwand und setzt die Tiere auch unter eine gewisse Belastung. Die Bedingungen für eine Einfuhr von Katzen und Hunden (andere Tiere werden nur in Ausnahmefällen akzeptiert) hängen vom jeweiligen Ursprungsland ab. Haustiere aus Ländern wie Deutschland, Österreich oder der Schweiz müssen im Normalfall zehn Tage in Quarantäne bleiben. Doch damit ist es noch nicht getan. Zunächst muss sich der Besitzer um eine Importgenehmigung für das Haustier bemühen. Diese wird vom Landwirtschaftsministerium ausgestellt. Natürlich fallen Gebühren an und auch die Versorgung während der Quarantäne muss vom Halter bezahlt werden.

Für den Antrag benötigt das Tier eine Microchip Nummer und tierärztliche Bescheinigungen. Zum Beispiel müssen alle Impfungen vorhanden sein. Und all dies hat vor der Ankunft des Tieres zu erfolgen! Insgesamt sollte die Importerlaubnis mindestens fünf Monate vor dem Abreisetermin beantragt werden. Wird sie erteilt, so ist ein Platz in einer der Quarantänestationen zu buchen, die immer gut ausgelastet sind und nicht immer Plätze zur Verfügung stellen können. Solche Quarantänestationen gibt es nur in Sydney, Melbourne und Perth. Die dortigen Flughäfen sind auch die einzigen, wo die Tiere in das Land einreisen können.
Wichtig: Die Einfuhrgenehmigung alleine verschafft noch keinen Platz in der Quarantänestation!

Auf der Webseite des Departments of Agriculture, Fisheries and Forestry www.agriculture.gov.au kann man sein Ursprungsland eingeben und wird dann Schritt für Schritt in den Ablauf eingeführt. (Bürokratisches, Prozedere, Art der Transportbox, welche Impfungen oder Medikamente sind vorher nötig, welche nachher...). Denn es gibt auf dem Fünften Kontinent beispielsweise eine australienspezifische Hundekrankheit names Herzwurm (Heartworm).

In Deutschland wie auch in Australien (für den inländischen Transport für all diejenigen, die nicht in Sydney, Perth oder Melbourne wohnen werden) kann man auf Tiertransport spezialisierte Unternehmen beauftragen, die das Tier sicher von A nach B bringen. (Bei Google.de nach „Haustiertransporte weltweit" suchen bzw. bei Google.com.au nach „Pet Transport")

Ein Tier einzuführen, ist nicht nur bürokratisch schwierig und für Besitzer wie Haustier langwierig, sondern leider auch ungemein teuer. Zu Ende des Abenteuers kann die Rechnung durchaus mehrere Tausend Dollar betragen.
Telefonauskunft über die Mitnahme von Tieren:
Tel: + 61 (0) 2 6272 4454 (9-17 h, Australian Eastern Standard Time)

Hunde und oft auch Katzen müssen bei der jeweiligen Gemeinde registriert werden. Es wird auch empfohlen, sie mit einem Mikrochip auszustatten und im National Pet Register einzutragen. Siehe www.petregister.com.au. Das Australian Capital Territory besteht sogar auf eine Kastration aller Hunde und Katzen, es sei denn eine Ausnahmegenehmigung würde genehmigt werden.

Hunde und Katzen verstehen sich leider nicht unbedingt mit dem einheimischen Wildlife. Possums oder Koalas zum Beispiel werden häufig Opfer ihrer Angriffe. Auch aus diesem Grunde ist eine Mitnahme gut zu überlegen.

Zehn Punkte, wenn's ernst wird

- Visum und sämtliche Dokumente (inkl. Ausweis, Zeugnisse, Arbeitsbescheinigungen) sind in neuester Fassung und in beglaubigter, englischer Übersetzung vorhanden.
- Kündigung der Versicherungen (außer Lebens- und Rentenversicherungen; ich würde empfehlen, zumindest am Anfang diese Verbindungen in die Heimat, inkl. eines Girokontos beizubehalten. Eventuell lohnt es auch, bei der Krankenkasse eine Anwartschaft zu zahlen, bis man sicher ist, bleiben zu wollen.)
- Abmeldung beim Einwohnermeldeamt (Achtung: es gibt keine vergleichbare Stelle in Australien. In Down Under kann man sich nirgendwo anmelden, nicht einmal beim deutschen Konsulat oder der Botschaft!
- Übergabe/Vermietung/Untervermietung der Wohnung bzw. des Hauses – je nachdem: Wasser, Strom, Gas, Telefon abbestellen.
- Auto verkaufen bzw. abmelden und alle Habseligkeiten, die nicht mit sollen verkaufen/verschenken/einlagern.
- medizinische Daten vom Arzt einholen.
- Steuererklärung abschließen bzw. Formulare mit nach Australien nehmen, um es dort zu erledigen (Achtung: Das Finanzjahr ist nicht das Kalenderjahr. 30. Juni ist hier der Stichtag.)
- Schuldaten/-aufzeichnungen der Kinder mitnehmen.
- Krankenversicherung für die Reise und die erste Zeit in Australien organisieren (s. auch Kapitel Versicherungen). Evtl. empfiehlt sich eine Auslandskrankenversicherung für die erste Zeit. (Keine Versicherungslücke während der Reisezeit entstehen lassen).
- Eine Unterkunft bei Freunden, in einem Hotel oder einem Serviced Apartment für die erste Zeit sollte bereits von zu Hause aus organisiert sein. Diese Daten sollten an Familie und Freunde und vor allem auch an die Umzugsfirma weitergeleitet werden! (Den Nachsendeantrag in Deutschland sollte man an die Adresse von Verwandten oder Freunden richten, die die Post sortieren und nachschicken können)

Zehn Punkte nach der Ankunft

- Anfordern der Steuernummer beim Taxation Office (s. Kapitel Steuer).
- Anmeldung bei der staatlichen Gesundheitsversorgung Medicare (für den, der Permanent Resident ist – s. Kapitel Versicherungen).
- Eröffnen eines Bankkontos (s. Kapitel Versicherungen).
- Anmeldung der Kinder in der Schule (s. Kapitel „Mit Kindern nach Australien“).

- Umschreiben des Führerscheins auf einen australischen (innerhalb der ersten drei Monate für Permanent Residents – s. Kapitel „Auto fahren in Australien").
- Es existiert kein Einwohnermeldeamt, auch eine Meldung beim deutschen Konsulat ist nicht notwendig.
- Kommunikation sicher stellen – Handykarte kaufen (z.B. bei Telstra, Optus, Virgin, Primus, Vodafone, 3G – Vergleiche der Angebote siehe unter www.phonechoice.com.au), Internetcafe suchen etc., Prepaidtelefonkarte für Anrufe ins Ausland.
- Stadtplan kaufen und sich orientieren.
- Öffentliche Verkehrsmittel testen.
- Falls notwendig: einen Sprachkurs besuchen.

Hinweis zum Thema Sprachkurs:
Adult Migrant English Program (AMEP)
Wer sich keine Sprachschule leisten kann, der kann als Permanent Resident und „Non-Native English Speaker" für das Adult Migrant English Program (AMEP) zugelassen werden. Um zu sehen, ob einem dieser kostenlose Service zur Verfügung steht, muss man sich in den ersten drei Monaten seines Aufenthaltes (oder gleich nach Erhalt der Permanent Residency) bei einem der AMEP-Serviceanbieter registrieren. Der Unterricht muss innerhalb eines Jahres begonnen werden. Wird man für das Programm zugelassen, dann kann man bis zu 510 Gratis-Englischstunden genießen oder bis man eben einigermaßen gut Englisch spricht. Kontakte zu den Serviceanbietern der einzelnen Staaten finden sich unter www.immi.gov.au/living-in-australia/help-with-english/amep/.

WOHNEN

Ein Dach über dem Kopf

Zustand der Wohnungen

Es gibt eine unglaubliche Bandbreite an Immobilien. Von winzigen, oft schon baufälligen Häuschen aus Holzgestell und Gipswand bis hin zur Edelvilla mit Meerblick ist fast alles vertreten. Gerade ältere Häuser in ärmeren Stadtteilen oder Gegenden entsprechen oft nicht den von Europäern gewohnten Normen. Es gibt keine oder nur wenig Isolierung und auch meist keine Heizung. Auch wenn die Winter nicht mit denen in Mitteleuropa vergleichbar sind, so kann es in Tasmanien, Südaustralien, Victoria, New South Wales und auch im südlichen Teil Westaustraliens deutlich abkühlen. Und wer zum Beispiel bei acht Grad und Windzug morgens aus dem Bett und unter die Dusche muss, der weiss, dass man auch hierzulande frieren kann. Viele (inklusive mir selbst) sagen sogar, sie würden hier im Winter mehr frieren als einst zu Hause.

Heizung und Klimaanlage

Häuser mit Zentralheizung sind rar. Häufiger dagegen finden sich Reverse Cycle Air Conditions, Klimaanlagen, die auch Wärme abgeben können, Gasheizungen, rollbare Heizkörper oder einfach nur Lüfter. Fleecepulli also unbedingt mit einpacken! Eine Reverse Cycle Air Condition im Haus zu haben, ist von großem Vorteil. Nicht nur weil es damit im Winter schnell schön warm wird, sondern auch da diese Klimaanlagen die sommerliche Hitze und Schwüle gut erträglich machen. Je weiter man in den Norden des Landes kommt, umso wichtiger ist solch eine Klimaanlage im Sommer, denn während Sydney zum Beispiel nur wenige sehr heiße Tage hat, ist der Sommer in Queensland oder im Northern Territory durchaus eine Umstellung für Mitteleuropäer.

Ungeziefer – Hilfe, da krabbelt was

Ebenso gewöhnungsbedürftig für Mitteleuropäer sind Kakerlaken, Spinnen und Ameisen, die sich im Sommer häufiger mal in Häuser und Wohnungen verirren, auch wenn man nicht im Erdgeschoss wohnt. Bei Häusern empfiehlt es sich, etwa einmal im Jahr oder alle zwei Jahre den Kammerjäger (Pest Control) zu bestellen, der gegen Ungeziefer sprüht und das Haus auf Termitenbefall prüft. Bei den Kakerlaken gilt, dass die größeren Exemplare zwar furchterrengend aussehen, allerdings im Bezug auf ihre Vermehrung weniger bedenklich sind als die kleinen, sogenannten „German Cockroaches“ (Dieser Name darf niemanden erschüttern...). Bei den Spinnen sind vor allem Funnelweb Spider (Trichernetzspinne – die gefährlichste Spezies lebt in und um Sydney), Redback Spider (Rotrückenspinne) oder zum Beispiel auch die harmlos aussehende Mouse Spider, die Black House, die Wolf und die White-Tailed Spider gefährlich. Bei den ersteren gibt es heute ein Gegengift, die beiden letzteren können in sehr seltenen Fällen jedoch eine äußerst unangenehme Hautreaktion hervorrufen, bei der das Fleisch geradezu verfault. Gegen diese Erscheinung existiert bis heute keine medizinische Behandlung. Besonders gruselig sieht die Huntsman Spinne aus, da sie haarig und teilweise handtellergroß ist, doch ist sie eine der harmlosen. Auch die etlichen sogenannten Orb Weavers, die in Netzen hoch über Spazierwegen und in Hausecken hängen, sind harmlos. Gefährlich sind meist die Spinnen, die auf Bodenhöhe wohnen. Es ist wichtig, gut über das Thema giftige und gefährliche Tiere hierzulande informiert zu sein, Panik ist jedoch nicht nötig, denn die wenigsten Einwohner haben je ein Gifttier zu Gesicht bekommen (s. auch Kapitel „Gefahren des Fünften Kontinents“).

Wasserhähne

Ein weiterer ungewohnter Aspekt rund ums Thema Wohnungen sind die Wasserhähne in älteren Bädern, die einen Heiß- und einen Kaltwasserhahn haben. Beim einen kommt eiskaltes und beim anderen fast kochendes Wasser heraus, vor dem man vor allem Kinder fern halten sollte. Neuere Wohnungen haben aber alle die bei uns bekannten Mischwasserhähne.

Bilder aufhängen

Wichtig zu wissen ist es, dass die wenigsten Vermieter gestatten, Nägel in die Wand zu schlagen oder die Wand in irgendeiner Form zu beschädigen. Jeder Nagel muss über den Makler oder den Vermieter selbst genehmigt werden und wer sich nicht daran hält, bekommt am Ende der Mietzeit Geld von der Kaution abgezogen. Bilder können entweder an bereits vorhandenen Haken aufgehängt werden. Leichtere Bilder (bis zu ca. fünf Kilo) befestigt man mit Klebehaken vom Baumarkt.

Wohnungen mit Blick und Stil

Wen die letzten paar Absätze nicht vollends abgeschreckt haben, der sollte unbedingt weiterlesen. Denn Häuser und Wohnungen hier haben auch viele positive Aspekte. Mit dem nötigen Kleingeld lassen sich nämlich problemlos die schönsten und luxuriösesten Häuser finden: mit Blick aufs Meer oder in den Busch bzw. Regenwald, mit breiten Terrassen und Decks, alles offen gestaltet, mit modernen Elementen oder im Federation Stil, mit viktorianischem Charme oder balinesischem Touch ...

Der Stil der Häuser wechselt von Staat zu Staat. Perth hat mit Abstand die mondänsten Häuser mit Säulen, Stahl und Pomp, an dem man die vielen „Neureichen“ des Rohstoffbooms Westaustraliens erkennt. Queenslands Feature-Häuser sind die sogenannten „Queenslander“, Holzhäuser auf Stelzen, die in renoviertem Zustand einfach bezaubernd aussehen. Melbourne dagegen ist bekannt für seine vielen viktorianischen Häuser aus Ziegelstein und mit offenem Kamin und Sydney brüstet sich in seinen meernahen Vororten mit Villen, um die herum Frangipani- oder Jacaranda-Bäume blühen. Immobilien- wie auch Mietpreise sind in den vergangenen Jahrzehnten kräftig gestiegen, und die schönen Stadtteile der großen Städte sind äußerst teuer geworden (s. auch im Folgenden).

Schränke, Lampen, Vorhänge ...

Mietwohnungen oder –häuser unterscheiden sich von deutschen aber nicht nur in ihrem Zustand (siehe oben), sondern auch in ihrer Ausstattung und hier im positiven Sinne. Fast alle Wohnungen haben Einbauschränke (built-in-wardrobes), Lampen, Vorhänge/Jalousien und eine eingerichtete Küche mit Ofen und oft sogar Spülmaschine. Waschmaschinen können teilweise angeschlossen werden, und teilweise (bei Wohnungen) wird eine Waschküche im Mietshaus angeboten, in der man sich mehrere Maschinen mit den Mitbewohnern teilt.

„Three Bedroom House“

Wissen sollte man, dass Wohnungen bzw. Häuser nicht nach Quadratmeterzahl beworben werden, sondern nach „Bedrooms“ (Schlafzimmer). Dabei zählt das Wohnzimmer zum Beispiel nicht dazu. Eine Vierzimmerwohnung in Deutschland ist hier also eine Wohnung mit “three bedrooms“.

Wohnungssuche

Wohnungen und Häuser werden im Normalfall über Makler (real estate agents) verkauft und auch vermietet. Nur selten kümmert sich der Besitzer selbst darum. Bei Mietobjekten kennt man den Eigentümer im Normalfall überhaupt nicht. Die Kosten für den Makler trägt – anders als in Deutschland – der Verkäufer oder Vermieter.

Mieten (To let/for rent)

Beim Vermieten ist es üblich, nicht nur Einkommens- und Beschäftigungsnachweise erbringen zu müssen, sondern auch Referenzen anzugeben. Referenzen sind Bekannte, Freunde oder Kollegen, die die Makler dann anrufen und nach der Vertrauenswürdigkeit des Kunden befragen. (Diese Anrufe erfolgen wirklich!).

Beim Mieten ist es üblich, einen sechs- oder zwölfmonatigen Vertrag zu unterzeichnen. Danach kann dieser normalerweise verlängert werden oder er geht auf eine monatliche Basis über. Ein vergleichbarer Mieterschutz wie in Deutschland existiert nicht. Bei Problemen wendet man sich zunächst an den Makler (der auch die Betreuung während der Mietzeit übernimmt) oder im Streitfall an die zuständigen Institutionen der einzelnen Länder bzw. Territorien.
Die Informationsseiten dieser Institutionen beschäftigen sich mit vielen lebensnotwendigen Themen wie eben dem Mietrecht oder aber auch zum Beispiel dem Thema Auto anmelden, etc:

- Australian Capital Territory: www.canberraconnect.act.gov.au
- New South Wales: www.fairtrading.nsw.gov.au
- Victoria: www.consumer.vic.gov.au
- Westaustralien: www.docep.wa.gov.au
- Südaustralien: www.ocba.sa.gov.au
- Tasmanien: www.consumer.tas.gov.au
- Northern Territory: www.nt.gov.au
- Queensland: www.tuq.org.au; www.rta.qld.gov.au

Im Normalfall wird der Makler beim Einzug auch ein Handbuch zum Thema Mieten in dem jeweiligen Staat oder Territory überreichen, wo viel Wissenswertes und Ansprechpartner im Falle eines Disputs zu finden sind. Die Kaution beträgt im Durchschnitt vier Wochen-Mieten. Der Mietzins wird pro Woche angegeben, aber zweiwöchentlich oder monatlich bezahlt. Die Kaution wird nach der ordentlichen Rückgabe der Wohnung wieder erstattet (ohne Zinsen). Um sie zurückzuerhalten, empfiehlt es sich, das Formular, das zu Beginn der Mietzeit auszufüllen war, und wo alle etwaigen Schäden festgehalten wurden, ernst zu nehmen, peinlich genau auszufüllen und die Kopie gut aufzuheben! Üblich ist es, dass der Makler in regelmäßigem oder unregelmäßigem Abstand vorbeikommt, um den Zustand der Wohnung zu überprüfen.

Mieten ist nicht besonders hoch angesehen. Mehr als 70 Prozent der Bevölkerung besitzen ein eigenes Haus, und die meisten Australier kaufen schon sehr früh in ihrem Leben Eigentum. Makler sind deshalb zu Mietern nicht immer zuvorkommend.
Mietpreise schwanken sehr je nach Stadt (Sydney, Melbourne, Perth und Darwin sind die teuersten) und in den jeweiligen Städten je nach Stadtteil. Nähe zum Strand, Nähe zur Stadt, Meerblick, großer Garten etc. schlagen sich deutlich auf den Mietzins aus. Familien sollten durchaus auch auf die Nähe zu guten Schulen achten (s. auch Kapitel „Mit Kindern nach Australien“). Die Preise in ländlichen Regionen sind um ein wesentliches niedriger als in den Städten.

Kaufen (For sale)

Beim Kauf eines Hauses wird entweder zwischen dem Makler und den interessierten Parteien verhandelt oder das Haus wird bei einer Auktion versteigert. Dies hat keinen "unangenehmen" Beigeschmack, sondern ist eine gängige Form des Hausverkaufs. Der Hauskauf ist schnell und unkompliziert, solange man selbst eine permanente Aufenthaltsgenehmigung hat und damit wie ein Australier behandelt wird. Empfehlenswert ist es, mit einem sogenannten Conveyancer zusammenzuarbeiten. Das ist quasi ein Rechtsanwalt, der für einen die gesamte rechtliche Situation und die Verträge prüft und verhandelt. Außerdem sollte man einen Building Inspector beauftragen, der das jeweilige Haus auf Herz und Nieren prüft und eine Valuation bzw. Schätzung beauftragen. Letzteres verlangt meist auch die Bank oder der Kreditgeber. Bei Häusern und Wohnungen, die über eine halbe Million Dollar kosten, verlangt der Staat eine sogenannte Stamp Duty (vergleichbar zur Grunderwerbssteuer).
Wer nur ein temporäres Visum besitzt, kann ebenfalls Eigentum erwerben, muss aber für jedes Objekt, für das er ein Angebot abgeben möchte, ein sogenanntes FIRB Approval einholen. FIRB ist das Foreign Investment Review Board. Deren Internetadresse lautet: www.firb.gov.au. Offiziell müssen Immobilien wieder verkauft werden, wenn ein „temporary resident“ das Land wieder verlässt (mit wenigen Ausnahmen, z.B. wenn das Haus neu gebaut ist). Wichtige Wiederver-

kaufsaspekte sind zum Beispiel die folgenden: Nordausrichtung des Hauses, guter Stadtteil, netter, offener Blick, Garage, Garten, wenig befahrene Straße ...

Wer (als „Permanent Resident") zum ersten Mal eine Immobilie ersteht, kommt für den sog. "First Home Buyers' Grant" in Frage, geschenkte Dollar vom Staat! Näheres unter www.firsthome.gov.au.
Kredite für einen Hauskauf vergeben Banken, Credit Unions oder Kreditbroker. Letztere sind seit den 90ern etabliert und haben einen Großteil des Hypothekengeschäfts übernommen. Diese Institutionen fördern den Hauskauf, indem sie Kredite bis zu 90 Prozent des Hauswertes vergeben – je nach finanziellem Hintergrund des Käufers.

Anzeigen/Werbung
Geworben wird für Miet- wie Kaufobjekte in den Schaufenstern der Makler (z.B. Ray White, McGrath, LJ Hooker...) oder in den großen Tageszeitungen. Ebenfalls beliebt sind die kleinen Stadtteilzeitungen und natürlich das Internet (www.domain.com.au oder www.realestate.com.au).

Wichtigste Tageszeitungen:

- Australienweit: The Australian
- Sydney: Sydney Morning Herald
- Melbourne: The Age
- Canberra: The Canberra Times
- Adelaide: The Advertiser
- Perth: The West Australian
- Brisbane: The Courier-Mail
- Cairns: The Cairns Post
- Darwin: Northern Territory News
- Alice Springs: Alice Springs News
- Hobart: Mercury

Besichtigungstermine sind üblicherweise mittwochs oder samstags oder nach persönlicher Absprache. Die großen Immobilienteile befinden sich in den Samstagszeitungen.

Beim Einzug sind die wichtigsten Kontakte:

- Telefon (z.B. Telstra) *
- Strom (z.B. Energy Australia, AGL)
- Wasser (normal über Vermieter geregelt)
- Gas (z.B. AGL)

* Neben dem staatlichen Anbieter Telstra gibt es auch private Firmen, die Leitungen von Telstra anmieten und durchaus interessante Produkte, insbesondere für Anrufe nach Europa anbieten sowie VoIP-Angebote. Auf der folgenden

Webseite finden sich Vergleiche für die Themen Festnetzanschluss („Landline / Fixed Line"), Mobiltelefone, VoIP und Broadband / Internet: www.phonechoice.com.au.
Mehr zum Thema Internet und VoIP s. „Australien von A – Z".

Gebrauchte Wohnungseinrichtungen

Ein Neukauf ist natürlich kein Problem mit dem nötigen Kleingeld. Australien bietet viel Europäisches (es gibt sogar Ikea!) genauso wie viele asiatische Möbel. Letztere sind deutlich günstiger als in Europa beispielsweise.

Gebrauchte Möbel findet man über die Samstagsausgaben der Tageszeitungen, die Trading Post und sogenannte „Garage Sales" (kleine Flohmärkte bei Privatleuten zu Hause), eBay oder gumtree.com.au. Möbel und Elektrogeräte kann man zudem mieten – es gibt in den meisten Städten mehrere Anbieter, die diese auch anliefern und wenn nötig warten.
Selbstverständlich kann man auch möblierte oder teilmöblierte Wohnungen mieten, die aber natürlich teurer als leere Wohnungen sind. In diesem Fall ist nach „furnished apartments" bzw. „houses" zu suchen.

AUTOFAHREN

Von A nach B

Auch wenn es in den großen Städten Busse, Trambahnen, Züge oder Fähren (z.B. Sydney, Perth und Brisbane) gibt, so ist das Leben ohne Auto nicht immer einfach. Vor allem die Riesenentfernungen und die großen Flecken an unbewohntem Land machen das Reisen von A nach B manchmal schwierig. Günstige Flug-, Bus- und Zugverbindungen existieren nur zwischen den großen Städten oder den Touristenorten. Der Kauf eines Autos erleichtert das Leben ungemein!

Wer sich kein Auto leisten kann, der wird in den Städten folgende Links der öffentlichen Transportanbieter hilfreich finden (mit Routenplanern etc.):

Öffentliche Verkehrsmittel

Adelaide

Bus-, Zug-, und Traminformationen: Adelaide Metro Information Centre, www.adelaidemetro.com.au

Brisbane

Bus-, Zug- und Fährinformationen: Trans-Info Service, translink.com.au Canberra

Businformationen: ACT Internal Omnibus Network (ACTION), www.action.act.gov.au

Darwin

Businformationen: Darwinbus, www.tourtub.com.au
Taxi – neben dem normalen Taxiservice gibt es in Darwin Taxi-Busservices, z.B. das Arafura Shuttle Tel: 08-89813300)

Hobart

Businformationen: Bus – Metro (Busverbindungen), www.metrotas.com.au

Melbourne

Bus-, Zug- und Traminformationen: Met Information Centre, www.metlinkmelbourne.com.au
Hinweis: während Radfahren in Sydney zum Beispiel eher Selbstmord ist, ist Melbourne dafür gut geeignet!

Perth

Bus-, Zug- und Fährinformationen: Transperth, www.transperth.wa.gov.au

Sydney

Allgemein: www.transportnsw.info
Busse: www.sydneybuses.info
Fähren (alle v. Circular Quay): www.sydneyferries.info
Metro Light Rail & Monorail: www.metromonorail.com.au, www.metrolightrail.com.au
Züge: www.cityrail.info

Exkurs: Car Sharing

Für ein Leben ohne eigenes Auto gibt es zumindest in Sydney, Brisbane (sowie Gold Coast), Adelaide und Melbourne noch eine andere Idee. Hier haben – ähnlich wie in den großen Städten Europas – Car Sharing Businesses aufgemacht. (Einfach bei Google.com.au nach „car sharing“ suchen und man findet diverse Anbieter). Man meldet sich bei dem Service an und kann danach meist per Internet oder auch telefonisch Autos für den privaten oder geschäftlichen Bedarf buchen. Auch die anderen Städte springen nach und nach auf den Car Sharing Trend auf – es lohnt sich also, nach Angeboten zu forschen!

Wer sich den Luxus „Auto“ gönnen will, voilà:

Autokauf

Beim Autokauf selbst gilt es herumzushoppen – bei Neuwagen wie auch Gebrauchtwagen. Während Neuwagen wie bei uns über die gängigen Autohäuser verkauft werden, kann man Gebrauchtwagen über Händler, Automärkte, Auktionen, Zeitungsannoncen oder das Internet erstehen.

Gebrauchtwagen: Preise und Zustand

Grundsätzlich sind Gebrauchtwagen im Verhältnis teurer als in Mitteleuropa. Autos werden auch länger gefahren, so dass auch 200-300 000 Kilometer auf dem Tacho keine Seltenheit sind. Möglich ist das durch die milderen Witterungsverhältnisse. Ohne Schnee und Eis rosten die Autos nicht so schnell. Besonders teuer sind europäische Modelle, bei denen man vor allem bei den Ersatzteilen tief in die Tasche greifen muss. Trotzdem sind deutsche Autos gerade in den reichen Städten als Prestige-Autos hochbeliebt. Ebenso beliebt sind Geländewagen, die man außerhalb der Städte auch vielerorts einsetzen kann. Durch die niedrigen Spritpreise (die in der Stadt Anfang 2015 zwischen 1, 30 und 1, 60 $ pro Liter Normalbenzin schwankten – im Outback ist an einsamen Orten aber grundsätzlich tiefer in die Tasche zu greifen!) sind verbrauchsarme Autos weniger ein Thema als in Europa. Doch auch die Australier werden stetig umweltbewusster und die Akzeptanz von umweltfreundlicheren Autos ist in den vergangenen Jahren gewaltig gestiegen. Und da können natürlich deutsche Automobilhersteller punkten.

Einen Preisvergleich bzw. eine Preisbewertung nach Jahrgang und Modell findet man unter www.redbook.com.au. Das Red Book sammelt seine Daten auf dem australischen Markt seit über 50 Jahren.

Kauf von Privat versus Dealer

Wer von privat ein Auto kauft, wird sicherlich Geld sparen, bekommt dafür aber natürlich auch keine Garantie, wie es ihm ein lizenzierter Händler gewähren würde.
Anders als ein Händler muss eine Privatperson keinen sogenannten "clear title" vorweisen, das heißt, das Auto könnte theoretisch gestohlen oder mit Schulden belastet sein. Um diese Risiken zu senken, sollte man bei einem Kauf von privat das Folgende nachprüfen:

Die Angaben zu Automarke, Modell, Herstellungsjahr und Motornummer auf den Registrierungspapieren müssen mit denen am Fahrzeug übereinstimmen.
Der registrierte Besitzer muss die gleiche Person wie der Verkäufer sein.
Die Registrierung sollte nicht abgelaufen sein oder bald ablaufen.

Bei Gebrauchtwagen kann auch beim Personal Property Securities Register (PPSR) angefragt werden, ob das Auto vorbelastet ist:

www.ppsr.gov.au Autoanzeigen findet man zum Beispiel in der Trading Post (gibts im Zeitungskiosk) und auf den folgenden Internetseiten:

- www.tradingpost.com.au (alle Staaten)
- www.cars.com.au (alle Staaten)
- www.carpoint.com.au (alle Staaten)
- www.carsales.com.au (alle Staaten)
- www.drive.com.au (alle Staaten)

Auf der Seite www.carsurvey.org findet man unabhängige Testberichte zu verschiedenen Automarken.

Exkurs: Car Buying Services

Bei „Car Buying Services“ kann man seine Wunschvorstellungen bekannt geben – egal ob Neu- oder Gebrauchtwagen. Die Anbieter suchen einem dann das passende Auto, vergleichen Angebote und Preise und erledigen natürlich auch allen Papierkram für einen. Sehr bequem, aber natürlich nicht umsonst.

Kauf bei einer Auktion

Bei einer Auktion kann teilweise verhandelt werden wie bei einem Händler, oder man kauft klassisch mit Bieten und dem Hammerschlag. Autos, die über eine Auktion verkauft werden, haben nichts Anrüchiges an sich. Eine Autoauktion ist etwas ganz Normales. Allerdings kann man die Fahrzeuge nicht probefahren. Das heißt, man sollte das Auto in der Zeit, die einem zur Verfügung steht, sehr gut anschauen. Auch hier gilt es, die Details des Autos mit denen der Registrierung abzugleichen und das Herstellungsjahr zu überprüfen. Beim Prüfen des Motors können weniger Erfahrene eigentlich nur auf äußerliche Risse im Motorblock oder Ölflecken achten. Beim Bieten selbst sollte man sich eine Grenze setzen und unbedingt im Rahmen seines Budgets bleiben.

Auto anmelden

Die Regeln bei der Fahrzeugan- und ummeldung bzw. der Verlängerung einer bestehenden Registrierung (einmal im Jahr) sind in jedem der australischen Staaten oder Territories unterschiedlich. Zur „Registration“ (kurz „Rego“) gibt es unterschiedliche Ansprechpartner bzw. Departments. In manchen Staaten reicht es, ein Formular auszufüllen und seine Gebühren für Registrierung und Haftpflichtversicherung zu zahlen, in anderen Staaten wie in New South Wales zum Beispiel muss jedes Jahr eine Inspektion in einer zugelassenen Werkstatt absolviert werden, um die Registrierung zu verlängern. Diese Regelungen unterliegen immer wieder aktuellen Änderungen. Nach der Registrierung erhält man einen Aufkleber, der innen an der Windschutzscheibe anzubringen ist. Einen Fahrzeugschein oder Kfz-Brief gibt es nicht, auch eine Kfz-Steuer fällt nicht an. Dafür zahlt man eben die einmal im Jahr fällige Registrierungsgebühr.

Auch der Führerschein gilt übrigens nur in dem jeweiligen Staat, in dem man lebt. Das heißt nicht, dass man nicht im Urlaub mit einem Führerschein aus Victoria in Queensland fahren darf, sondern, dass man seinen Führerschein umschreiben muss, wenn man den Wohnort (zwischen den Staaten) wechselt. Alles Wissenswerte, wie all das aktuell im jeweiligen Staat funktioniert, findet man auf den folgenden Webseiten:

ACT

Im Australian Capital Territory klickt man auf die folgende Regierungswebseite: www.rego.act.gov.au

New South Wales

Ansprechpartner ist die RTA, die Roads and Traffic Authority, www.rta.nsw.gov.au

Northern Territory

Zuständig für alles rund ums Auto ist das "Department for Transport". www.transport.nt.gov.au

Queensland

Hier kümmert sich die Regierung darum – das Queensland Government. www.qld.gov.au

Südaustralien

Die Transport South Australia hiflt weiter, www.transport.sa.gov.au

Tasmanien

Transport Tasmania ist zuständig, www.transport.tas.gov.au

Victoria

VicRoads ist zuständig, www.vicroads.vic.gov.au

Westaustralien

In Westaustralien ist das Thema im „Department for Planning and Infrastructure“ angesiedelt, www.dpi.wa.gov.au

Roadworthiness Certificate oder RWC oder Pink Slip

Dieses Zertifikat erhält man bei lizensierten Autowerkstätten gegen geringe Gebühr. Ein Mechaniker inspiziert die wichtigsten Bestandteile des Autos (Motor, Bremsen, Reifen etc.). In manchen Staaten braucht man jedes Jahr ein aktuelles Zertifikat, um die jährlich fällige Registrierung zu erneuern. Auf alle Fälle sollte aber der Verkäufer beim Verkauf des Autos ein solches Zertifikat vorlegen können. Das RWC oder der Pink Slip sind mit dem TÜV Test vergleichbar, wobei der meist maximal halbstündige Test nicht mit einem fundierten Checkup vergleichbar ist.

Tipps zum Kaufvertrag

Beim Kaufvertrag mit einem Autohändler sollte man vor allem auf zwei Formulierungen achten: Statt 'subject to finance' lieber 'subject to finance that is acceptable to me, the purchaser (name)' schreiben, um auf Nummer Sicher zu gehen. Statt 'subject to a Vehicle Inspection' lieber 'subject to a Vehicle Inspection report being acceptable to me, the purchaser (name)' schreiben. Denn ansonsten könnte einen ein Dealer zum Kauf eines Autos zwingen, auch wenn man mit der Inspektion nicht zufrieden war oder die Finanzierung doch nicht regeln konnte.

Nach dem Kauf des Autos

... müssen die Registrierungspapiere umgeschrieben und das Auto muss auf den neuen Namen eingetragen werden. Normalerweise sollte der Verkäufer oder der Händler dieses Formular bereitstellen, doch man muss darauf achten, dass es auch bei der Registrierungsbehörde landet (am besten selbst schicken!). Es fallen dabei eine sogenannte Transfer Fee plus die Stamp Duty (Stempelsteuer) an. (siehe auch oben Auto anmelden)

Autoversicherungen

Beim Thema Autoversicherung sind vier Produkte zu unterscheiden:

Compulsory Third Party (CTP) – Green Slip genannt

Die einzige Haftplichtversicherung, fällig jährlich bei erneuert Erneuerg der Registrierung. Sie deckt Kosten, die durch die Verletzung oder den Tod einer dritten Person entstehen, wenn der Unfall von einem selbst verursacht wurde. Die CTP deckt keine Schäden an Fahrzeugen oder an anderem Eigentum ab.

Third Party Property Damage

Diese Versicherung ist freiwillig und deckt Schäden an Fahrzeugen oder Eigentum (Zaun, Schild, Ampel...) ab.

Third Party, Property Damage – Fire and Theft

Diese Art der Versicherung erweitert die Third Party Property Damage Versicherung um Feuer- und Diebstahlschäden (beim eigenen Auto). Plus natürlich die Schäden, die man selbst bei anderen verursacht (siehe oben).

Full Cover Motor Vehicle

Diese Versicherung ist auch als "comprehensive insurance" bekannt und schließt den Schutz des eigenen Autos ein sowie den von Autos und Eigentum, die durch einen selbst verschuldeten Unfall betroffen sind. Diese Versicherung ist die teuerste Variante am Markt.

Die Versicherungsbeiträge hängen zum Beispiel vom Modell und der bisherigen Fahrpraxis und Unfallbilanz ab. Zudem schwanken sie von Staat zu Staat. Ein europäischer Schadenfreiheitsrabatt wird meist nicht anerkannt.

Jeder Staat bietet ein Äquivalent zum ADAC an, der einem bei einer Panne auf der Straße zu Hilfe kommt.

NSW und Australian Capital Territory
NRMA, National Roads & Motorists Association, www.nrma.com.au

Northern Territory
AANT, Automobile Association of Northern Territory, www.aant.com.au

Queensland

RACQ, Royal Automobile Club of Queensland, www.racq.com.au

South Australia
RAA, Royal Automobile Association, www.raa.com.au

Tasmania
RACT, Royal Automobile Club of Tasmania, www.ract.com.au

Victoria:
RACV, Royal Automobile Club of Victoria, www.racv.com.au

Western Australia
RAC, Royal Automobile Club of Western Australia, http://rac.com.au

Verkehrsregeln

Gefahren wird auf der linken Seite – ansonsten sind die Verkehrsregeln ähnlich. Es gilt rechts vor links wie auch bei uns. Trotzdem lohnt ein Blick in das Führerscheinhandbuch, das es zum Beispiel bei den Registrierungsstellen gibt oder als PDF-Version im Internet auf den Seiten der zuständigen Stellen (Links siehe oben).

Eindeutige Unterschiede gibt es bei den Parkregeln (zehn Meter Abstand vor der nächsten Straßenkreuzung!) und bei der Höchstgeschwindigkeit: 110 km/h auf Autobahnen. Nur das Northern Territory hat eine Geschwindigkeitsbegrenzung von 130 km/h auf einigen seiner Autobahnen. Achtung: auf den Autobahnen sind im Normalfall auch Radfahrer zugelassen! In den Städten sind Kreisverkehre (Roundabouts) sehr beliebt. Die Regeln sind hier eindeutig anders. Man fährt links in den Kreisverkehr ein und blinkt in die Richtung, in die man den Kreisverkehr wieder verlassen möchte.

Verkehrssünder werden hart bestraft – mit Führerscheinentzug, hohen Geldstrafen (mehrere Hundert Dollar sind keine Seltenheit!) und sogar mit Gefängnisstrafen! Besonders streng reagiert man auf Alkoholsünden. Deshalb unbedingt einhalten: für erfahrene Fahrer beträgt die Blutalkoholkonzentration 0, 5 Promille. Für Fahrer mit Führerschein auf Probe und für junge Fahrer gilt eine Nullgrenze. Bei Verkehrssünden sammelt man Punkte, wobei ab einer bestimmten Summe der Führerschein entzogen wird, z.B. in New South Wales bei zwölf Punkten innerhalb von drei Jahren, wenn man den voll anerkannten Führerschein besitzt.

Wer über Land fährt, der muss sich auf bestimmten Strecken nicht nur vor den überlangen Trucks, den sogenannten Roadtrains, in Acht nehmen. Ab der Dämmerung wimmelt es mancherorts nur so vor Wildtieren auf der Fahrbahn. Zusammenstöße mit Kängurus, Wombats oder Koalas sind häufig und führen oft zu schwerwiegenden Unfällen. Wer Nachtfahrten vermeiden kann, tut dies! Ungewohnt für Europäer sind auch die extremen Entfernungen zwischen den einzelnen Orten:

Entfernungen

Distanz*	Adelaide	Brisbane	Canberra	Darwin	Melbourne	Perth	Sydney
Adelaide	-	2055	1198	3051	732	2716	1415
Brisbane	2055	-	1246	3429	1671	4289	982
Canberra	1198	1246	-	4003	658	3741	309
Darwin	3051	3429	4003		3189	4049	4301
Melbourne	732	1671	658	3789	-	3456	873
Perth	2716	4363	3741	4049	3456		3972
Sydney	1415	982	309	4301	873	3972	-

*Alle Entfernungen in Kilometern.

Ebenfalls unbekannt sind vielen zum Beispiel die folgenden Begrifflichkeiten:
2P auf Parkschildern heißt: zwei Stunden Parken ist erlaubt. (Es gibt keine Parkuhren, die man ins Auto legt. Die Kontrolleure machen Kreidestriche ans Auto und kommen nach der abgelaufenen Zeit wieder)
T3 auf Straßenschildern heißt, dass die Spur nur von Autos befahren werden darf, in der mindestens drei Personen sitzen.
Wer in Melbourne Auto fährt, der sollte den sogenannten Hook Turn kennen. Diese Form des Rechtsabbiegens wurde in Melbourne wegen der Trambahnen eingeführt. An ausgeschilderten Kreuzungen biegt man von der äußeren linken

Spur nach rechts ab und lässt die rechte Spur frei, damit die Trambahn und der restliche Verkehr durchkönnen, bis man selber an der Reihe ist.

Und noch ein Tipp:
Eine gute Webseite, die einem in den großen Städten teilweise den Stadtplan ersetzt ist neben Google-Maps auch www.whereis.com.au. Dort kann man nicht nur Straßen suchen, sondern auch Routen planen.

Führerschein

Wer sich nur zeitweise im Land aufhält, der darf mit einem internationalen Führerschein oder mit seinem europäischen Führerschein (inkl. englischer Übersetzung) fahren. Wer aber „Permanent Resident" ist, der muss innerhalb der ersten drei Monate einen australischen Führerschein beantragen. Diesen erhält man bei der jeweiligen Registrierungsbehörde (siehe oben). Man braucht dazu im Normalfall (auch hier weichen manche Staaten voneinander ab) seinen ausländischen Führerschein (plus die englische Übersetzung) und seinen Pass mit dem gültigen Visum. Dann muss man ein Formular ausfüllen, eine Gebühr zahlen, einen Augentest absolvieren und wird fotografiert. Früher war auch ein theoretischer Fragentest zu beantworten, doch der ist inzwischen entfallen. Dies gilt für Deutschland, Österreich und die Schweiz, die alle drei zu den vom australischen Staat anerkannten Ländern zählen, die einen ähnlichen Fahr- und Prüfungsstandard haben.

Wichtiger Hinweis: der Führerschein hat einen ähnlichen Stellenwert wie ein Personalausweis und sollte immer mitgeführt werden. (Beim Autofahren eh Pflicht!).

Der Führerschein ist – wie bereits erwähnt – auf den jeweiligen Staat begrenzt, in dem man lebt. Zieht man um, muss man auch seinen Führerschein auf den neuen Staat oder das neue Territory umschreiben lassen. Dies gilt natürlich nicht bei Urlaubsfahrten!

Wer allerdings glaubt, er könne im Heimaturlaub wieder mit seinem alten Führerschein in Europa fahren, der hat sich getäuscht. Er wird mit der Annahme des australischen ungültig. Für einen Heimaturlaub muss man also einen internationalen Führerschein beantragen. Internationale Führerscheine stellen die State and Territory Motoring Clubs aus. Liste unter
www.aaa.asn.au/about/members.htm

Autofahren kann man ab 16 Jahren lernen. Eine Fahrschule ist nicht Pflicht. Fahrschüler, die lernen – "L Plate Driver oder Learner Drivers" – müssen in Begleitung eines erwachsenen Autofahrers sein. Das kann ein Elternteil oder ein Freund sein, der einen Führerschein besitzt. Nach einer theoretischen Prüfung dürfen die Teenager in Begleitung fahren, müssen aber ein Log Buch über ihre Fahrpraxis führen. Erst nach durchschnittlich 50 solcher Stunden kann eine praktische Prüfung absolviert werden. Danach ist man P Fahrer – "Probationary/Provisional Driver" und muss mindestens 17 Jahre alt sein. Ab diesem Zeitpunkt können die Jugendlichen allein Auto fahren, dürfen aber zu keiner Zeit einen Alkoholspiegel im Blut aufweisen und sind auch in der Fahrgeschwindigkeit eingeschränkt. Nach zwei P-Phasen und weiteren Tests erhält man den normalen Führerschein.

Einige Kuriositäten und Tipps rund ums Thema Auto

Man sollte auch die Sprache des Autohändlers sprechen ...

- Ono – or nearest offer – als Zusatz zu einer Preisangabe – hier kann man durchaus noch verhandeln
- Bull bar – Art Stoßstange, die Kängurus und andere Wildtiere auf der Straße abfangen soll
- 4WD – Vierradantrieb / Geländewagen
- Station wagon – Kombi
- Van – Kleinbus
- Convertible – Cabriolet
- Ute – offener Pickup-Truck (das ultimativ australische Auto ist der Holden Ute!)
- Petrol Engine – Benziner
- Diesel Engine – Dieselmotor
- Auto – Automatikgetriebe
- Manual – Schaltgetriebe
- Rego – Registrierung

Sydney – größter Backpacker-Automarkt der Welt

Da ist man genau am anderen Ende der Welt und trotzdem ist man schon wieder unter sich... Die meisten der anwesenden Backpacker sprechen deutsch und wenn das nicht dann zumindest holländisch... Der größte Backpacker-Automarkt der Welt ist in einer bizarren Tiefgarage mit bunten Graffitis im Schmuddelviertel Kings Cross in Sydney. Nach einer oft monatelangen Reise durch ihr Traumland verbringen viele junge Leute ihre letzten Urlaubstage in einer eher unheimlichen Tiefgarage anstatt in der Sonne und am Strand. Das Geld, zu Beginn der Reise ausgegeben, muss wieder rein – selbst wenn es oft länger dauert, bis ein Käufer zuschlägt. Schon so manch ein Verzweifelter hatte in der Vergangenheit sein Auto einfach am Flughafen verschenkt

... Hier weiß der Carmarkt-Besitzer meistens Abhilfe – in seiner multifunktionalen Tiefgarage werden rund 55 Autos pro Woche verkauft, kein schlechter Schnitt. Und dabei achtet er streng darauf, dass nur Backpacker und keine Profi-Autohändler zum Zuge kommen. Die Stimmung ist urig – es brennen Kerzen, der eine spielt Didgeridoo, der nächste klimpert auf der Gitarre und einmal die Woche gibt's gratis einen echten Aussie Barbecue ... Es wird gehandelt und gefeilscht und meistens verkaufen die einzelnen Nationalitäten gemäß ihrer Mentalität: Deutsche verkaufen gern an Deutsche, man vertraut sich eben – aber Israelis zum Beispiel verkaufen an jeden anderen nur nicht an den eigenen Landsmann...

Wichtig: Nur Reisende dürfen verkaufen, keine Einheimischen oder Autohändler. Jedes Auto hat einen Inspection Report, der einem sagt, wie sicher es ist und was repariert werden muss.
Nichts für permanente Auswanderer, aber eine gute Anlaufstelle für Rucksackreisende und Studenten, die billige Autos für eine begrenzte Zeit suchen. Beliebte Autos sind Kombis, Kleinbusse und Geländewagen.

Sydney Travellers Car Market,
2 Ward Ave, Car Park Kings Cross, Sydney,
Tel: +61 (0) 2 9331 5743, www.sydneytravellerscarmarket.com.au

Die Automarken sind durchaus etwas Besonderes ...
Außer dem Autohersteller Holden (stellt seine Produktion 2017 ein) gibt es tatsächlich noch kleinere, recht ausgefallene und schnittige Produkte, die eher an James Bond-Autos erinnern als an Fahrzeuge für den Normalverbraucher. Dazu gehören zum Beispiel das australische Supersport-Auto Joss oder der Sportwagen Elfin. Manche dieser Elfins kommen im Selbstbausatz, andere fertig vom Laufband. Seit über vierzig Jahren produziert Garrie Cooper's Company Sport- und Rennwagen – zum Beispiel den 1959 Streamliner oder Formula Vees oder den MR9 Formula 5000 der 80er. Exklusive, schöne, schnelle, ungewöhnliche und sehr teure Autos.

ARBEITEN

So lebt es sich Down Under

Arbeitsmarkt und Gehälter

Der Arbeitsmarkt ist relativ entspannt. Ende 2014 lag die Arbeitslosenquote bei sechs Prozent. Die Arbeitssuche gestaltet sich in manchen Bereichen (siehe Liste der gesuchten Berufe) einfach. Hier bemühen sich Arbeitgeber teilweise regelrecht um neue Mitarbeiter. Trotzdem hat die Finanzkrise auch die australische Wirtschaft etwas geschwächt, und in der Finanzbranche gab es gar Entlassungen.

Auch die Autoindustrie wird in den kommenden Jahren langsam dahinsiechen und eingehen. Ferner gibt es nicht in allen Branchen die gleichen Gehälter oder sozialen Leistungen wie in Mittel- oder Nordeuropa üblich. Stundenlöhne von unter 20 $ oder 30 $ sind selbst bei qualifizierten Stellen nicht ungewöhnlich (Mindestlöhne sind aber gesetzlich festgelegt). Der augenblickliche Arbeitnehmermangel in manchen Bereichen treibt auf der anderen Seite jedoch auch die Gehälter in die Höhe. Oftmals ist in Wachstumsregionen wie Westaustralien oder Queensland deutlich mehr zu verdienen als in Sydney oder Melbourne. Zudem sind auch die Lebenshaltungskosten dort teilweise niedriger als in den großen und beliebten Metropolen. (Obwohl Perth oder auch Darwin zum Beispiel im Moment in jeder Hinsicht im Wachstum begriffen sind ... Auch die Miet- und Hauspreise sind exponentiell zum Wirtschaftswachstum gestiegen)

Australisches Durchschnittsgehalt z.Zt. laut der Online-Jobvermittlung www.seek.com.au: $79, 767.

Verdienst

Classification	Minimum	Mid Range	Maximum
Mining,Resources & Energy	106,271	120,586	134,900
Consulting & Strategy	95,719	109,626	123,532
Construction	90,690	103,247	115,804
Engineering	90,582	103,187	115,792
Information & Communication Technology	88,774	100,288	111,802
Legal	79,348	92,532	105,716
Healthcare & Medical	77,561	86,285	95,008
Banking & Financial Services	75,865	85,685	95,504
Marketing & Communications	75,724	84,962	94,199
Government & Defence	76,308	84,844	93,379
Science & Technology	73,980	83,138	92,296
Human Resources & Recruitment	72,752	82,263	91,774
Accounting	72,785	82,003	91,221
Insurance & Superannuation	72,256	81,703	91,150
Sales	69,599	78,921	88,244
Design & Architecture	67,092	75,892	84,692

Advertising,Arts & Media	66,973	75,110	83,247
Education & Training	66,268	74,183	82,097
Manufacturing,Transport & Logistics	65,123	73,005	80,888
Real Estate & Property	61,572	70,229	78,885
Farming,Animals & Conservation	61,305	68,949	76,593
Community Services & Development	60,641	66,482	72,324
Trades & Services	54,959	62,046	69,132
Sport & Recreation	53,326	59,824	66,321
Hospitality & Tourism	51,359	57,437	63,515
Call Centre & Customer Service	50,411	56,293	62,175
Retail & Consumer Products	49,764	56,117	62,469
Administration & Office Support	48,025	53,594	59,162

Quelle: www.seek.com.au – Stand September 2014

Jobsuche

Australier legen hohen Wert auf ein persönliches Treffen, auf eine Empfehlung von Bekannten, Kollegen, ehemaligen Schulkameraden etc. Insofern hilft es, Leute im Land zu kennen oder zumindest bei der Jobsuche vor Ort zu sein. Denn oftmals heißt es auch: „Können Sie nächste Woche schon anfangen?"
Deswegen wird bei der Jobsuche häufig nach Referenzpersonen und deren Telefonnummern gefragt. Diese ruft der neue Arbeitgeber dann an und erkundigt sich auch tatsächlich nach der Arbeitsweise und der Persönlichkeit des Bewerbenden!

Jobanzeigen stehen in der Zeitung (samstags) oder im Internet (Adressen s. unten). Ferner kann man sich bei den zahlreichen privaten Jobagenturen (employment agencies – suche unter www.yellowpages.com.au) anmelden oder sich an die staatliche Agentur Centrelink wenden (vergleichbar mit der Arbeitsagentur).
Centrelink hilft nicht nur bei der Arbeitssuche, sondern auch bei der Anerkennung von Zeugnissen, falls notwendig Fortbildungskurse zu finden und sich für eine Steuernummer anzumelden. Die einzelnen Büros in den jeweiligen Städten sind auf der Webseite www.centrelink.gov.au gelistet oder können telefonisch unter 13 10 21 (Nummer in Australien) erfragt werden.

Bei sogenannten Corporate Jobs hilft es, ein gutes Profil auf dem Netzwerk LinkedIn zu haben und dort ein gutes Netzwerk und gute Referenzen aufgebaut zu haben.
Centrelink betreibt zudem sogenannte „Career Information"-Zentren, die sich gerne als 'one-stop-shops' sehen, wo alle gleichermaßen Beratung und Hilfe finden. Studenten, die ihre Karriere planen wollen, Arbeitslose, die wieder eine neue Arbeitsstelle suchen oder Leute, die ihre Stelle wechseln wollen. Centrelink ist auch die Anlaufstelle für Arbeitslosengeld und andere staatliche Unterstützungen. Allerdings muss man mindestens zwei Jahre als Permanent Resident im Land gelebt haben, bevor man diese finanziellen Unterstützungen wahrnehmen kann. Um eine Alters- oder Behindertenrente in Anspruch nehmen zu können, muss man mindestens zehn Jahre in Australien ansässig gewesen sein.

Übrigens: Kindergeld im klassischen Sinne existiert nicht! Es gibt aber einen einkommensabhängigen „Child Care Benefit". Darunter versteht man eine Zuzahlung zur Kinderbetreuung sei es Ganztagesbetreuung, Betreuung in einer Familie oder von Familienangehörigen, Nachmittagsbetreuung oder Kindergarten. Für Familien mit sehr geringem Einkommen bzw. für Alleinerziehende oder Verwitwete gibt es zusätzliche Zahlungen wie den Family Tax Benefit beispielsweise. Einkommensunabhängig ist dagegen der sogenannte "Child Care Rebate", der arbeitenden Familien helfen soll, die Kosten der Kinderbetreuung zu finanzieren. 2014 gibt es eine Erstattung der Hälfte der Kosten, solange es sich um eine registrierte, anerkannte Kindertagesstätte handelt. Bezahlten Erziehungsurlaub gibt es seit 2011. Eltern können bis zu 18 Wochen bezahlte Elternteilzeit (zum gesetzlich festgelegten Mindestlohn) nehmen und sich um ein neugeborenes oder frisch adoptiertes Kind kümmern. Dies bezieht sich aber nur auf das Elternteil, das erstrangig die Pflege des Kindes übernimmt, Partner können dagegen nur zwei bezahlte Wochen Elternzeit beantragen.
(S. Kapitel „Mit Kindern nach Down Under" und www.familyassist.gov.au)

Die wichtigsten Tageszeitungen sind:

- Australienweit: The Australian
- Adelaide: The Advertiser
- Alice Springs: Alice Springs News
- Brisbane: The Courier-Mail
- Cairns: The Cairns Post
- Canberra: The Canberra Times
- Darwin: Northern Territory News
- Hobart: Mercury
- Melbourne: The Age
- Perth: The West Australian
- Sydney: Sydney Morning Herald

Wichtigste Online-Jobvermittler:

- www.seek.com.au
- www.mycareer.com.au
- www.careerone.com.au
- www.careersonline.com.au (auch allg. Informationen zu Stellensuche und Bewerbung)
- www.jobnet.com.au (wichtige Seite für IT-Fachleute)
- www.hospitalitybiz.com.au (wichtige Seite für Jobs aus der Gastronomie, Hotelindustrie)
- www.jobsguide.com.au
- www.jobsplus.com.au
- http://employment.byron.com.au
- www.bluecollar.com.au
- www.job-directory.com.au
- www.traveljobs.com.au
- www.careerbuilder.com (intern. Suchmaschine, Australien muss ausgewählt werden)
- www.monster.com (intern. Suchmaschine, Australien muss ausgewählt werden)
- www.gumtree.com.au (hier ist alles kostenlos; abgesehen v. Stellen- auch Wohnungs- und Kontaktanzeigen, Community Services etc.)

Weitere hilfreiche Links der Regierung bzw. der einzelnen Staaten:
Australian Government Website, http://jobsearch.gov.au
Australian Capital Territory, www.liveincanberra.com.au
Queensland, www.sdi.qld.gov.au
Südaustralien, www.southaustralia.biz/move/jobs_on_offer.htm
Victoria, www.LiveInVictoria.vic.gov.au
Westaustralien, www.dsd.wa.gov.au

Zu Bewerbungen bei deutschen, österreichischen oder Schweizer Firmen in Australien erhält man Auskunft bei den jeweiligen Handelskammern:

German-Australian Chamber of Industry and Commerce,
Deutsch-Australische Industrie- und Handelskammer,
Level 6, 8 Spring Street, Sydney NSW 2000
Tel. +61 (0) 2 8296 0400, Fax +61 (0) 8296 0411,
www.germany.org.au

Austrian Consulate General/Commercial Section,
10/1 York Street, Sydney NSW 2000,

Tel: +61 (0) 2 9247 8581, Fax: +61 (0) 2 9251 1038,
www.austriantrade.org/australia
www.advantageaustria.org/au

Swiss-Australian Chamber of Commerce and Industry SACCI,
3/46 Market Street t, Sydney NSW 2000
Tel: +61 (0) 2 9262 1511,
www.swisscham.com.au

Hier finden sich in den Mitgliederverzeichnissen viele Adressen von europäischen Vertretungen in Australien. Sie sind aber teils unglaublich teuer. Noch nicht mal die Hälfte kostet das Firmenverzeichnis beim interconnections-Verlag.de, Deutsche Firmen in Australien, ISBN 978-3-86040-163-7.

Jobsuche aus dem Ausland

Wer schon von Europa aus nach einer Stelle suchen möchte, kann und soll das natürlich probieren. Aufgrund des hohen Arbeitskräftemangels in manchen Bereichen, kann dies auch funktionieren. Onlinebewerbungen sind hier ebenso üblich wie ein Europa. Allerdings legen Australier hohen Wert auf persönliche Empfehlungen, sogenannte Referenzen ehemaliger Arbeitgeber, und ein persönliches Kennenlernen.

Internationale Arbeitsvermittlung
Bei Fragen zum internationalen Arbeitsmarkt oder zu konkreten Stellenangeboten im Ausland bieten sich folgende Möglichkeiten:

- Im Stelleninformationsservice (SIS) der örtlichen Arbeitsagenturen sind neben nationalen auch Stellenangebote im Ausland enthalten.
- Die Zentralstelle für Arbeitsvermittlung ist die internationale Personalagentur im Netzwerk der Bundesagentur für Arbeit.

Zentralstelle für Arbeitsvermittlung (ZAV)
Villemombler Str. 76, 53123 Bonn,
Info Hotline: +49 (0) 228/713-0,
ZAV @arbeitsagentur.de, www.arbeitsagentur.de
Öffnungszeiten: Montag bis Mittwoch: 8.15- 16 h, Do. 8 -18 h, Fr. 8.15-14 h

Vor Arbeitsaufnahme sind zu besorgen:

- ein Bankkonto
- eine Tax File Number (TFN) (s. Kapitel Steuern)
- eine TFN Deklaration für den Arbeitgeber (Formular erhält man vom Arbeitgeber)

Arbeitszeit, Krankheitstage, Urlaub und Mutterschutz

Die übliche Arbeitszeit beträgt 38-40 Stunden. Die Mittagspause ist eine Stunde – ähnlich wie in Europa. Viele Australier fangen früh am Morgen an und hören dann lieber etwas früher auf, um noch auf ein Bier ins Pub, an den Strand zum Surfen, in den Park zum Joggen oder heim zur Familie zu gehen. Viele Australier arbeiten recht flexibel, da die Geschäfte auch sonntags geöffnet sind und Supermärkte zum Beispiel täglich bis Mitternacht offen haben. Auch viele Ärzte bieten Sprechstunden samstags und teilweise sogar sonntags an, Immobilienmakler arbeiten am Wochenende etc.

Im Normalfall werden zehn Krankheitstage pro Jahr bezahlt. Diese kann man auch nutzen, wenn man sich um kranke Familienangehörige kümmern muss. Danach muss man Urlaub nehmen oder unbezahlt bleiben, es sei denn, man hat eine Versicherung für diesen Fall abgeschlossen.

20 Tage Urlaub sind die Regel bei australischen Unternehmen, allerdings gibt es einen sogenannten „long service leave“ von zwei Monaten, den man nach 10 bis 15 Jahren (je nach Bundesland oder Territory) im Unternehmen beantragen kann. Zusätzlich zum Urlaub gibt es im Durchschnitt neun Feiertage. Finanz-Unternehmen gewähren auch den einen oder anderen „Bank Holiday“. Ein sympathischer Zug ist, dass Feiertage auch „nachträglich“ gegeben werden. Fällt ein Feiertag (mit Ausnahme des Anzac Days) auf einen Samstag oder Sonntag, dann wird der freie Tag am Montag nachgeholt.

Bezahlter Mutterschutz wird neuen Eltern bis zu 18 Wochen nach der Geburt oder Adoption eines Kindes bezahlt (festgesetzter Mindestlohn). Viele Frauen fangen nach wenigen Wochen oder Monaten wieder in ihrem Beruf an. Offiziell beträgt der „Parental Leave“ – also die Zeit, in der der Arbeitgeber die Stelle zurückgeben muss, 52 Wochen.

Gewerkschaften

Gewerkschaften sind zwar zahlreich vorhanden, doch die Arbeitsbedingungen sind deutlich arbeitgeberfreundlicher als zum Beispiel in Deutschland. Betriebsräte und Kündigungsschutz sind vielerorts unbekannt. Üblich sind vier Wochen Kündigungsfrist.

Die meisten der über 60 Gewerkschaften haben das Australian Council of Trade Unions (ACTU) als Dachverband akzeptiert. Die ACTU kämpfte zum Beispiel erfolgreich gegen das von der Howard-Regierung eingeführte Programm Work Choices, das die Position der Arbeitgeber gegenüber ihren Angestellten enorm stärkte. Das Programm erleichterte es Arbeitgebern, Angestellte, mit denen sie unzufrieden waren, zu entlassen. Die Rudd-Regierung gab den Arbeitnehmern dann wieder mehr Rechte. So dürfen diese wieder gegen in ihren Augen „unfaire Entlassungen“ klagen. Ausgenommen davon ist nur die Probezeit, die bei großen Unternehmen maximal sechs Monate beträgt und bei Kleinstunternehmen mit weniger als 15 Mitarbeitern zwölf Monate.

Firmengründung

Wer selbständig arbeiten möchte, der muss eine sogenannte Australian Business Number beim Finanzamt beantragen. Dies ist sogar online über die Webseite des Australian Taxation Office möglich – www.ato.gov.au. Es dauert circa 28 Tage, bis man die Nummer hat und „loslegen" kann.

Wer nicht als „Sole Trader" auftreten möchte, sein Risiko minimieren und Business Partner mit hineinnehmen möchte, für den empfiehlt sich eine Pty Ltd, die unserer GmbH ähnelt und über eine beschränkte Haftung verfügt. Eine ABN-Nummer kann man auch als temporärer Einwanderer unproblematisch erhalten, doch für die Gründung einer Pty Ltd muss man ein Dauervisum besitzen bzw. muss zumindest der Direktor ein australischer Resident sein (Eigentümer kann man dann nach wie vor zu 100 % sein). In diesem Fall kann man auch eine bestehende Firma kaufen und übernehmen. Eine Pty Ltd zu gründen kostet um die 500 $ an Gebühren. Hilfe beim Start einer eigenen Firma findet man unter: www.business.gov.au

Außerdem bietet jeder einzelne Staat sogenannte Business Development Agencies, die einen beim Aufbau einer Firma beraten und unterstützen. Auf vielen dieser Seiten erfährt man auch Wissenswertes über Visum, Lebensbedingungen etc. im jeweiligen Staat (also auch interessant für all diejenigen, die sich nicht gleich selbständig machen wollen).

- Australian Capital Territory: www.business.act.gov.au
- New South Wales: www.business.nsw.gov.au
- Northern Territory: www.migration.nt.gov.au
- Queensland: www.business.qld.gov.au
- Südaustralien: www.immigration.sa.gov.au
- Tasmanien: www.development.tas.gov.au
- Victoria: www.liveinvictoria.vic.gov.au
- Westaustralien: www.smallbusiness.wa.gov.au

Wer eine Firmengründung anvisiert oder auf dem Fünften Kontinent investieren möchte, dem ist mit dem Investitionsführer des Rechtsanwaltes Wolfgang Babeck weitergeholfen. Bestellt werden kann das Buch über die Emailadresse info@germany.org.au.oder beim Verlag www.gdigest.com. Näheres auch auf der Webseite von Dr. Babeck unter www.australischesrecht.de.

Bewerbung

Eine Bewerbung sieht anders aus als bei uns gewohnt. Dicke Bewerbungsmappen sind unüblich und Zeugnisse (natürlich ins Englische übersetzt) braucht man erst zum Vorstellungsgespräch mitzubringen. Bewerbungsmappen werden normalerweise nicht zurückgeschickt! Eine Bewerbung besteht aus Anschreiben (cover letter), Lebenslauf (curriculum vitae bzw. résumé) und den persönlichen Referenzen (letters of recommendation).

Anschreiben (Cover Letter)
Das Anschreiben ist das „Werbeschreiben" für den Jobanwärter. Es sollte eine persönliche Note setzen und Floskeln vermeiden: warum ist dies die richtige Stelle für den Bewerber, welche Qualifikationen bringt er für das Unternehmen mit, welche Erfolge hat er bisher erzielt... Zurückhaltung ist nicht angebracht, Australier sind gut im Selbst-Marketing!

Eine übersichtliche Gliederung des Briefes in Briefkopf (Adresse inklusive Emailadresse), Datum und direkte Anrede des Ansprechpartners ist ein guter Start. Eine Betreffzeile ist nicht notwendig. Der Cover Letter sollte nicht über eine Seite lang sein.

Lebenslauf (Curriculum Vitae/Résumé)

1. Briefkopf
Die Überschrift lautet im Englischen Curriculum Vitae. Es folgen die persönlichen Daten: Vor- und Nachname, Adresse, Telefon und Handy, Email-Adresse, evtl. Webseite. Kein Photo, kein Geburtsort, keine Religion und kein Familienstand. Geburtsdatum und Staatsangehörigkeit können hier genannt werden, evtl. Sprachen, die man spricht. Experten raten aber oft davon ab, Geburtsdatum und Herkunft zu nennen.

2. Berufsziel (Job/Career Objective)
In kurzen Worten: warum will man in dieser Position arbeiten, was will man erreichen?

3. Berufliche Erfahrungen (Work Experience)
Evt. kann der Job History eine kurze Zusammenfassung vorausgehen. (Career Overview)
In der folgenden „Professional history" sollte anti-chronologisch die Arbeitshistorie von heute zurück in die Anfänge beleuchtet werden.
Jobtitel, Arbeitgeber, Daten, evtl. eine kurze Beschreibung des Arbeitgebers und Aufgaben, Erfolge, Preise, Errungenschaften während der Tätigkeit.

4. Ausbildung (Education)
Name der Uni/FH, Fach/Fächer
Schwerpunkte im Studium
Name der Schule bzw. Schultyp, Ort, Abschluss, eventuell Note
Sonstiges (im Bereich Bildung)

5. Besondere Kenntnisse und Fähigkeiten (Additional Skills)
Sprachen, Level
Computer Skills

Führerschein
Freizeitaktivitäten und soziale Engagements (falls passend und positiv)

6. Referenzen (References)
Hier sollten Ansprechpartner (Name, Firma, Position) mit Telefonnummer genannt werden, die berufliche wie akademische Leistungen beurteilen können. Achtung: Diese werden tatsächlich angerufen! (Also vorwarnen!)

Zum Schluss folgen weder Datum noch Unterschrift!

Geschäftsstil – Business-Tipps Down Under

Umgang miteinander
Australier sind locker und direkt bei der Arbeit. Selbst unter Geschäftsleuten verhalten sich Australier ziemlich locker und zwanglos. Man spricht sich nicht mit Mr und Mrs an, sondern mit dem Vornamen. Obwohl man bürokratischer ist, als man vermuten könnte und es für vielen Unsinn ein „passendes" Formular gibt, so schätzt der Australier andersherum Kompliziertheit nicht. Auch wenn man alles gerne schriftlich macht, so soll der Umgang geradlinig und klar verständlich sein. Australier sind keine Angeber, aber sie sind – wie bereits erwähnt – gut in der Eigenvermarktung. Punkten kann, wer sich als höflich, kenntnisreich und humorvoll erweist. Unter männlichen Kollegen geht es manchmal relativ derb zu. Auch wenn das für manchen Mitteleuropäer ungewohnt sein mag, so ist es ein gutes Zeichen, wenn man in diese „Witzeleien" miteinbezogen wird. Manchmal holt Deutsche und Österreicher noch die Geschichte ein und ein beliebter Spruch im Umgang ist: „Don't mention the war."

Business Lunch und Feierabendbier
Nicht beleidigt sollte man sein, wenn nicht das ganze Büro zusammen Mittagessen geht. Dies ist nicht gleich so üblich – es freuen sich aber alle, wenn man selbst die Initiative ergreift und fragt, wer mitkommen möchte. Üblich ist es, auf Business-Lunches zu gehen, bei denen dann gut gegessen und zuviel getrunken wird. Gelegentlich dauern diese Lunches bis in den Abend hinein und werden dann gleich vom beliebten Feierabendbier abgelöst. Beim Getränkeholen an der Theke gilt übrigens, dass jeder der Gruppe mal eine Runde ausgibt. („To shout a drink").

Pünktlichkeit
Während Handwerker oft Stunden später zu Terminen auftauchen, ist dies bei Geschäftsterminen nicht üblich. Hier ist man pünktlich und lässt auch Gäste nicht warten. Bei privaten Einladungen sind 15 bis 30 Minuten Verspätung in Ordnung. Geschenke werden angenommen, zum Beispiel eine Flasche Wein, Blumen oder Pralinen. Bei Privat-Parties (auch unter Kollegen) ist es nicht ungewöhnlich, dass man gebeten wird: „Bring a plate." Das heißt, dass man einen Salat, eine Nachspeise etc. beisteuern soll.

Kleidungsstil
In den sogenannten Central Business Districts (CBDs) von Sydney, Melbourne und Perth wird auf förmliche Kleidung geachtet. Für Männer bedeutet dies Anzug mit Hemd und Krawatte. Frauen tragen Kostüme oder Hosenanzüge. In den ländlicheren Regionen und vor allem im Norden, wo teilweise tropisches Klima herrscht, wird eine luftigere, aber ordentliche Kleidung akzeptiert.

Exkurs
Traudl Troska war eine der bekanntesten Designerinnen Sydneys

Ausgewandert und ins Glück

Wenn Traudl Troska einem entgegen kam, dann strahlte sie Energie pur aus. „Hello. I'm Traudl. Wie geht es Ihnen?“ Ihre Sprache war ein bisschen Englisch, ein bisschen Deutsch – ein sympathisches Kauderwelsch, das sie sich in den über 20 Jahren Australien angewöhnt hatte. Doch die Wege, die sie ans andere Ende der Welt und letztlich zum Glück geführt haben, waren oft verwinkelt und ganz bestimmt nicht immer einfach...

Das Leben hatte es nicht immer gut gemeint mit Traudl Troska. Als Sudetendeutsche hatten ihre Eltern zweimal flüchten, zweimal allen Besitz zurücklassen und wieder von vorne anfangen müssen. Zuerst hatten sie die ehemalige Tschechoslowakei verlassen und waren später nochmals aus der DDR geflohen. „Aber wir Kinder verstanden das alles ja noch nicht.“ Als die Familie die DDR hinter sich ließ, hatten die Eltern nur einen Koffer gepackt und den Kindern gesagt, sie gingen in Urlaub. „Wir hätten sonst alles ausgeplaudert.“ Mehrere Jahre verbrachte Traudl mit den Eltern und dem älteren Bruder in Flüchtlingslagern in Hamburg und Berlin. „Für meine Eltern war das sicher alles sehr schwer, aber für mich als Kind war es gar nicht so schlimm – ehrlich. Da war es nur wichtig, die Liebe der Eltern zu haben, und die hatten wir zu jeder Zeit.“

In Hamburg startete sie später dann auch ihre berufliche Karriere. Nach der mittleren Reife, lernte sie Buchhändlerin. Doch schnell wechselte sie in die Öffentlichkeitsarbeit, arbeitete für eine PR-Agentur und schließlich als PR-Referentin für CBS Records (heute Sony Music). Ihr Leben bestand aus Partys und Reisen. Sie betreute Künstler wie Roberto Blanco, Costa Cordalis oder Karel Gott, traf Michael Jackson, Supertramp oder die australische Band Sherbert. Die gaben ihr dann auch den Anstoß, nach Australien zu gehen. „Sie alle schienen recht nett zu sein, waren bodenständig und sahen auch einigermaßen gut aus.“ Eigentlich wollte sie erst mal nur Urlaub in Down Under machen, doch das Land zog sie von Anfang an fast magisch an. „Ich war 30, hatte genug von meinem Job und eine Ehe hinter mir – ein klassischer Fall von zu jung geheiratet und dann auseinandergelebt. Hier kannte mich niemand, niemand konnte mich beurteilen...“ Die Familie reagierte positiv auf den unerwarteten Schritt, Freunde und Kollegen fanden ihn mutig.

Die Anfangszeit im neuen Land war dann turbulent. Als Rucksacktourist nahm sie in Sydney jeden Gelegenheitsjobs an, der ihr so unterkam: ein bisschen Kellnern, ein bisschen Promotion, ein bisschen Modeln. Bis ihr die Idee mit den Halstüchern kam. „Als mich die sechste Person auf mein Halstuch ansprach, kam mir die Idee mit der Mode.“ Das Halstuch war rosafarben, aus Wildleder gemacht und mit vielen glitzernden Steinen besetzt. Traudl beschloss, das Halstuch nachzunähen und zu verkaufen. „Ich startete also mein erstes kleines Business, kaufte Leder und Stoff, nähte Halstücher und Schals und später sogar kleine Röcke.“ Ihr erstes eigenes Design bot sie auf einem Markt im Sydney-Stadtteil Paddington an. Jede Woche nahm sie lange Busfahrten auf sich, um Materialien einzukaufen. Kein Vergleich zu dem Komfort und den helfenden Händen, die sie heute umgeben. Und doch denkt sie noch oft an diese Anfangszeit, in der sie sich in Land und Leute und in ihren neuen Beruf verliebte. „Es war alles so herrlich einfach. Ich kaufte, verkaufte und reinvestierte. Manchmal vermisse ich diese Zeit, doch jede Station hat eben ihre positiven Seiten.“

In dieser Phase lernte sie dann über Freunde ihren zukünftigen Mann Steve Sledge kennen. „Wir wollten ein Auto kaufen und eine Freundin sagte, ich kenne da einen, der sich auskennt.“ Und derjenige war Steve. Der junge Amerikaner schlug sich wie Traudl im Land durch. Eine ganze Weile arbeitete er zum Beispiel auf einer Farm auf Tasmanien und sammelte Äpfel. „Wir waren sofort voneinander angezogen. Und zu Zweit durchs Leben gehen ist gerade in einem anderen Land nochmal besser.“

Die beiden besuchten Design- und Stoffdruckkurse an der technischen Hochschule in Sydney – bis sie 1985 schließlich den großen Schritt wagten. Die beiden gründeten das Modelabel Von Troska und eröffneten den ersten Laden in Sydney. Erst sollte die Marke Traudl Troska heißen, doch „niemand konnte das aussprechen“. Im Geschäft behielten sie die anfängliche Rollenverteilung bei: Traudl designte und Steve kümmerte sich um das Geschäftliche. Ein Rezept, das zum Erfolg führte. Stetig wuchs das Geschäft der beiden und obwohl sie quasi Tag und Nacht zusammen waren, tat es ihrer Beziehung keinen Abbruch. 1986 heirateten die beiden. Beide liebten Wechsel und Veränderung, zogen über zehn Mal um. Sie reisten unter anderem nach Indien, Marokko, Frankreich oder in die USA. Nach wie vor besuchte Traudl aber auch Deutschland. Sie zeigte ihrem Mann Ursprünge und Wege ihres Lebens und erforschte selbst Orte, vor denen sie als Kind geflohen war. „Vor einigen Jahren habe ich mir die Ostgebiete angeschaut, bin auch in das Schloss in der Nähe von Magdeburg gefahren, wo ich geboren wurde. Das war damals noch ein Krankenhaus gewesen. Eine wunderschöne und sehr spannende Reise!“ Bei allen Urlauben liebte sie es auch, Natur zu erleben. Deshalb lagen ihr Süddeutschland und die Alpen besonders am Herzen. Und trotzdem: „Ich hatte bisher nicht 1/10 Sekunde lang den Wunsch, wieder zurückzugehen, auch wenn ich Schnitzel, Rollmops und Pflaumenkuchen vermisse.“

Das Land hatte ihr in vielem die Augen geöffnet. Ihr Lebensmotto war stets ‘take it easy’. “Australier sind offen und freundlich, und noch immer ist soviel Pioniergeist vorhanden. Ich hatte stets das Gefühl, hier alles machen zu können.“

Ende 2006 kehrten sie und Steve deshalb dem erfolgreichen Modebusiness den Rücken zu. Sie verkauften Label und Läden, und Traudl fing nochmal ganz von vorne an: dieses Mal als Schmuckdesignerin. Schöne Accessoires lagen ihr schon immer am Herzen. 2007 startete sie deshalb ihr neues Label „Schön“ (www.schon.com.au): kunstvoller Silberschmuck, Ketten mit bunten Steinen, Armreifen, Ohrringe, alles handgemacht – Einzelstücke mit dem besonderen Etwas und voll von der Sinnlichkeit, die Traudl Troska auch bereits in ihrem Modedesign zeigte. Ein mutiger Neuanfang mit fast 60, doch Traudl war wie immer voller Energie und Vorfreude auf das, das kommen wird. Denn wie sie sagte: „Man muss flexibel bleiben – denn das hält jung.”

Traudl Troska verstarb im September 2010. Dieses Portrait soll trotzdem als Hommage an sie auch in der Neuauflage des Buches verbleiben – Traudl verkörperte den „Australian Way of Life“ und die „Can Do“-Mentalität wie kaum jemand anderer, den ich in meinen Jahren Down Under kennengelernt habe.

STEUERN

Die lieben Abgaben …

Nach der Ankunft und idealerweise bevor man eine Arbeitsstelle anfängt, sollte man sich um eine Steuernummer bemühen: die sogenannte Tax File Number (TFN). Nach dieser fragt jeder Arbeitgeber als erstes. Wer sich selbständig machen möchte, der beantragt außerdem eine Australian Business Number (ABN). Die Nummern kann man direkt beim Finanzamt, dem Australian Taxation Office (ATO), beantragen oder übers Internet. Die Ausstellung der Nummern dauert zwischen 10 und 28 Tagen.

Webseite des ATO: wwsw.atogov.au
Australian Taxation Office – Personal Tax: Tel: 13 2861
Business Tax: Tel: 13 2866 (innerhalb Australiens)

Das Finanzjahr fängt am 1. Juli an und endet am 30. Juni des darauffolgenden Jahres. Einkommens-Steuererklärungen sollten bis zum 31. Oktober beim Finanzamt abgegeben werden. Wer einen Steuerberater beauftragt, hat sogar bis

März des darauf folgenden Jahres Zeit. Formulare für die Steuererklärung gibt es online, bei den meisten Schreibwarenläden oder dem Taxation Office.
Gerade in den ersten Jahren empfiehlt es sich aber, die Steuererklärung von einem Steuerberater machen zu lassen. Denn auch wenn es sich um ein augenscheinlich lockeres Land handelt, so ist es doch unerwartet bürokratisch, und die steuerrechtlichen Anforderungen sind nicht weniger kompliziert als daheim. Eine Steuerberatung gibt es – wie viele andere Dienstleistungen auch – bereits zu günstigen Preisen (eine Standarderklärung kann man bereits um die 80 – 100 $ erhalten).

Was wird versteuert?

Zu versteuern sind sämtliche Einkommen: Jede Arbeitseinnahme, Mieteinnahmen oder auch Zinsen, die man über Investment- und Spareinlagen erhält. Dies gilt auch für Einnahmen und Investitionen im Ausland.

Was kann man absetzen?

Ausgaben für die Arbeit können abgesetzt werden, aber es gibt zum Beispiel kein Kilometergeld für den Weg zur Arbeitsstelle und auch Ausgaben für öffentliche Verkehrsmittel (zur Arbeitsstelle) können von Festangestellten nicht abgesetzt werden. Etwas flexibler ist dies bei Selbständigen, die Tickets, Parkgebühren, Straßengebühren etc. absetzen können.
Zu den Ausgaben, die aber alle angeben können, gehören zum Beispiel: Beiträge für Berufsorganisationen, Fahrtkosten zu externen Terminen, Telefongebühren, Schreibwaren, Bücher für berufliche Zwecke, die der Arbeitgeber nicht ersetzt hat oder Kosten für Steuerberater. Auch berufsunabhängige Ausgaben können abgesetzt werden: Spenden für wohltätige Zwecke und medizinische (Netto-) Ausgaben, die 2, 162 $ (Stand 2015) überschreiten.

Verschiedene Steuerformen

Die wichtigsten Steuerarten, die man als Privatperson kennen sollte sind: die Einkommenssteuer für Privatpersonen (Personal Income Tax), die Körperschaftssteuer für Unternehmen (Corporate Tax, Company Tax), die Steuer auf Lohnnebenleistungen des Arbeitgebers (Fringe Benefits Tax – FBT), die Kapitalertragssteuer (Capital Gains Tax – CGT) und die Waren- und Dienstleistungssteuer, vergleichbar mit unserer Mehrwert- oder Umsatzsteuer (Goods and Services Tax – GST).
Selbständige sollten wissen, dass sie sich beim Finanzamt für GST registrieren müssen, sobald sie über 75 000 $ im Jahr verdienen. Dann müssen sie diese zehnprozentige Steuer auf ihre Rechnungen aufschlagen und später ans Finanzamt abführen.

Steuern entrichten

Bei Festangestellten führt der Arbeitgeber die Steuern (inklusive der Sozialabgaben) bereits vom Bruttogehalt ab. Zu Ende des Finanzjahres erhält man vom Arbeitgeber eine Abrechnung, die alle Abgaben auflistet. Dieses sogenannte Group Certificate reicht man bei der Steuerbehörde zusammen mit seinen Quittungen, die man absetzen möchte, ein. Selbständige können ihre Steuern einmal im Jahr oder (und das ist empfehlenswert) im PAYG (Pay as you go) Verfahren einmal im Quartal bezahlen. Am Ende des Finanzjahres werden dann die bereits bezahlten Steuern mit den echten Einnahmen und Ausgaben verrechnet.
Bei australischen Bürgern und Permanent Residents sind die ersten 18.200 $ des Einkommens steuerfrei. Danach zahlt man bis zu einem Betrag von 37.000 $ 19c für jeden $1 über $18.200. Dieser Steuersatz steigt danach stufenweise an.

Besteuerung

Besteuerung von Permanent Residents im Jahre 2014/15 (ohne Medicare* Abgabe von 2%)

Steuerpflichtiges Jahreseinkommen	Besteuerung
0-$18.200	-
$18.201-$37.000	19c für jeden $1 über $18.200
$37.001-$80.000	$3.572 plus 32.5c für jeden $1 über $37.000
$80.001-$180.000	$17.547 plus 37c für jeden $1 über $80.000
$180.001 plus	$54.547 plus 45c für jeden $1 über $180.000

Quelle: Australian Taxation Office
*Medicare ist die staatliche Krankenversicherung

Wer also zum Beispiel als Permanent Resident 50.000 $ verdient, der zahlt auf die ersten 18.200 $ keine Steuern, zwischen 18.2001 und 37.000 $ 19 % und auf den Restbetrag 32, 5 %. (siehe Tabelle oben)
Temporäre Einwohner haben keinen Freibetrag, sondern ihr Einkommen wird ab dem ersten Dollar an versteuert. Der Höchststeuersatz beträgt auch hier 45%. Diesen schlechteren Bedingungen kann man aber als temporärer Einwohner unter Umständen aus dem Weg gehen, indem man angibt „Resident for Tax

Purposes" zu sein und damit wieder in die Tabelle oben rutscht. (Bitte mit dem Steuerberater absprechen)

Besteuerung

Aktuelle Besteuerung von Non-Residents
(nicht medicareberechtigt)

Steuerpflichtiges Jahreseinkommen	Besteuerung
0-$80.000	32.5c für jeden $1
$80.001-$180.000	$26.000 plus 37c für jeden $1 über $80.000
$180.001 plus	$63.000 plus 45c für jeden $1 über $180.000

Quelle: Australian Taxation Office

Wer also zum Beispiel als Non-Resident 50, 000 $ verdient, der zahlt 32, 5 % Steuern. (siehe Tabelle oben)

Doppelbesteuerungsabkommen

Mit Deutschland, Österreich und der Schweiz gilt ein sogenanntes Doppelbesteuerungsabkommen, um zu verhindern, dass Steuerpflichtige in beiden Ländern besteuert werden und somit zuviel Steuern entrichten. Sollte eine europäische Firma bei einem Einkommen bereits eine Quellensteuer abgezogen haben, so kann dies in Australien angerechnet werden. Doppelbesteuerungsabkommen bedeuten aber auch, dass beide Länder einander alle Informationen offenlegen!

VERSICHERUNGEN

Sicherheit muss sein

Es gibt eine Fülle an Versicherungsprodukten genau wie Deutschland, Österreich oder die Schweiz auch. Das Thema Autoversicherung wurde ja bereits ausführlich abgehandelt. Wichtige Versicherungen sind zum Beispiel Reise-, Berufsunfähigkeits- und Lebensversicherungen. Auch seine Kreditzahlungen kann man sich im immobilienfreudigen Australien versichern lassen, ebenso wie Haus und Geschäft. Geschäftsleute finden eine ganze Bandbreite an Produkten, auch Haftpflicht- und Rechtsschutzprodukte.

Hausratversicherung

Ein Standard-Produkt, für jeden Auswanderer ein Muss, ist die „Home and Contents Insurance". Das ist unsere Hausratversicherung, die bei Wahl der Version inklusive „accidental damage" sogar eine persönliche Haftplichtversicherung einschließt. Diese ist nicht als Einzelprodukt zu kaufen, sondern eben nur zusammen mit der Hausratversicherung. Wichtig dabei zu wissen ist, dass immer derjenige seine Versicherung bemühen muss, der Eigentümer der beschädigten Sache ist und nicht derjenige, der sie tatsächlich beschädigt hat. Wenn also ein Gast die wertvolle Vase aus der Ming-Dynastie zerbricht, so ist dies ein Fall für die Hausratversicherung des Eigentümers, aber nicht für eine potentielle Haftpflichtversicherung des Unglücksraben.

Bekannte Versicherungsunternehmen sind zum Beispiel Allianz, NRMA, AAMI, QBE, IAG, Suncorp oder GIO Insurance.

Krankenversicherung

Jeder „Permanent Resident" und jeder australische Bürger hat ein Anrecht auf die gesetzliche Krankenversicherung Medicare, finanziert aus allgemeinen Steuergeldern und der sogenannten „Medicare Levy". Letztere ist im allgemeinen eine Abgabe von 2 Prozent des Bruttoeinkommens eines jeden Versicherten. Ein weiteres Prozent kann bei Vielverdienern hinzu kommen, die keine private Zusatzversicherung haben. Medicare ist also eine sehr günstige gesetzliche Krankenversicherung für jeden – sie deckt allerdings nicht jede medizinische Behandlung ab. Krankenhausaufenthalte in öffentlichen Krankenhäusern werden aber bezahlt, und auch verschreibungspflichtige Medikamente (über das Pharmaceutical Benefits Scheme) und Arztkosten werden zum großen Teil übernommen. Patienten bezahlen im Normalfall nur die Differenz zwischen dem von der Regierung festgesetzten Satz und dem tatsächlichen Preis des jeweiligen Arztes. Dies bezieht sich auf Allgemeinärzte, Fachärzte und einige wenige ausgewiesene Optiker und Zahnärzte. Letztere werden aber im Normalfall überhaupt nicht übernommen.

Näheres unter:
www.medicareaustralia.gov.au
www.health.gov.au

Viele Australier entscheiden sich deswegen zum Abschluss einer privaten Krankenzusatzversicherung. Diese erstattet zum Beispiel auch Behandlungen in Privatkrankenhäusern, Zahnarztbehandlungen, Physiotherapie, Naturheilverfahren und den Service von Optikern. Je nachdem für welches Produkt man sich entscheidet. Über ein „Rebate System" zahlt die australische Regierung je nach Einkommensklasse für eine private Krankenversicherung an den Versicherten zurück. Dies kann über eine verringerte Prämie geschehen oder als Steuerersparnis eingefordert werden. Siehe www.humanservices.gov.au

Hilfreiche Webseiten bei der Auswahl eines Produktes sind:
www.iselect.com.au
www.phiac.gov.au

Wer sich ohne Dauervisum im Land aufhält, hat keinen Anspruch auf Medicare, sondern muss sich privat versichern. Dies ist möglich über Produkte noch im Heimatland (Versicherungen für Menschen, die im Ausland tätig sind) oder über private Versicherungen hierzulande. Bei einem befristeten Aufenthalt empfiehlt es sich, den Arbeitgeber um Unterstützung und eine eventuelle Kostenübernahme beim Thema Krankenversicherung zu bitten.

Exkurs Gesundheitssystem

Das Gesundheitssystem besitzt ein hohes Niveau; die medizinische Forschung gilt als Weltklasse. Hier entwickelte die Firma Cochlear das weltweit erste Implantat für Gehörlose oder der Wissenschaftler Ian Frazer die erste Impfung gegen Gebärmutterhalskrebs. Wer zum Arzt geht, ist also meist gut aufgehoben, obwohl durchaus Unterschiede zum deutschen System bestehen. So leidet das australische System an Ärzte- und Pflegepersonalmangel, und auch die teils riesigen Entfernungen verhindern manchmal eine schnelle und professionelle Behandlung. Im Outback hat man deswegen bereits 1928 den „Royal Flying Doctor Service" eingerichtet, wo Ärzte und Krankenschwestern per Flugzeug zu Notfällen in einsam gelegene Gegenden reisen. In den Städten muss man zwar nicht auf seinen Arzt aus der Luft warten, doch bei Operationen und Krankenhausaufenthalten kann es durchaus zu Wartezeiten kommen.
Ein weiterer Unterschied ist das sogenannte „Referral System". Zuerst ist immer der Allgemeinarzt – der „General Practitioner" aufzusuchen. Erst dieser überweist den Patienten dann zum Facharzt, sei es Gynäkologe, Kinderarzt, HNO-Arzt, Augenarzt, Orthopäde, Radiologe etc.

Rente

Der Arbeitgeber zahlt mindestens neun Prozent des Bruttoeinkommens in einen sogenannten Superannuation Fonds. Superannuation oder kurz "Super" genannt ist eine Pflicht-Rentenvorsorge, in die Arbeitgeber und Arbeitnehmer aber auch freiwillig noch einzahlen können. Dieses Geld wird bei Rentenantritt ausgezahlt und bleibt unversteuert! Jeder Australier kann sich seine Superannuation im Augenblick noch frühestens ab dem 55. Lebensjahr auszahlen lassen, entweder in einer Summe oder als regelmäßige Pensionszahlungen. Bis zum Jahr 2035 soll das Rentenalter insgesamt aber auf 70 Jahre angehoben werden.

Etliche Fondsanbieter bieten ihre Dienste für die Superannuation an, so dass ein Vergleich wegen unterschiedlicher Gebühren der Anbieter lohnt. Man muss nicht den vom Arbeitgeber gewählten Fonds behalten, sondern kann durchaus auch wechseln. Informieren kann man sich beispielsweise unter www.superratings.com.au.

Wer nur kurzfristig bleibt, kann sich die einbezahlte Superannuation bei der Abreise normalerweise auszahlen lassen.

Selbstverständlich kann man zusätzlich auch seine staatliche wie auch private Rentenvorsorge im Heimatland weiterlaufen lassen, um so eine spätere Rentenkürzung wegen Beitragslücken zu verhindern. Wichtig zu wissen ist es, dass die angesammelte (staatliche) Rente im Regelfall aufgrund sogenannter zwischenstaatlicher Sozialversicherungsabkommen auch im Ausland ausgezahlt wird.

Näheres unter:
www.deutsche-rentenversicherung-bund.de (Deutschland)
www.sozialversicherung.at (Österreich)

Schweizer wenden sich bitte an ihre Botschaft in Canberra (siehe Adresse am Ende des Buches).

Bankwesen

Die großen Banken sind Westpac, ANZ, National Australia Bank, Commonwealth Bank, Macquarie Bank und St. George Bank. Außerdem gibt es noch sogenannte Credit Unions, Kreditinstitute, deren Kunden auch die Eigentümer des Geldinstituts sind. Sie bieten einen ähnlichen Service wie die Banken an. Sehr populär sind auch reine Kreditinstitute und Kreditbroker, die einem den günstigsten Kredit für z.B. den Hauskauf vermitteln. Mortgage Broking ist ein großes Geschäft auf dem Fünften Kontinent und so mancher hat sich damit den Traum vom Wohlstand erfüllt.

Aber nun erstmal zum Praktischen:

Geld abheben kann man vom sogenannten ATM (Automatic Teller Machine) Automaten. Wenn man in einem Geschäft mit seiner EC-Karte bezahlt, so nennt sich das EFTPOS – Electronic Funds Transfer. Bargeldloser Zahlungsverkehr ist sehr verbreitet und wird fast von jedem Geschäft angeboten. Bei den großen Supermarktketten kann man nicht nur mit EFTPOS bezahlen, sondern dabei auch noch Geld von seinem Konto abheben und somit eine Barzahlung entgegennehmen. Ebenfalls üblich ist es, Schecks auszustellen, wobei es verschiedene Formen gibt: den persönlichen Scheck, der auch nicht gedeckt sein kann – dafür aber gratis ist – und einen Bankscheck, bei dem man weiß, dass er gedeckt ist. Letzteren fordert man bei seiner Bank an und zahlt eine Gebühr für die Ausstel-

lung. Solche Bankschecks werden normalerweise beim Auto- oder Hauskauf gefordert.
Viele Banken bieten kostenlose Girokonten an, die auch einige kostenlose Überweisungen beinhalten. Zur Einrichtung eines Kontos benötigt man im Normalfall zwei Ausweisdokumente und eine australische Postadresse. Sparkonten erzielen deutlich höhere Zinsen als bei uns, wofür aber natürlich auch Kredite im Verhältnis teurer kommen.

Wichtige Begriffe und Hinweise:

- Die BSB Number entspricht unserer Bankleitzahl.
- Die Account Number der Kontonummer.
- Für Auslandsüberweisungen hat jede Bank einen SWIFT Code aber keine IBAN.
- Direct Debit entspricht unserer Einzugsermächtigung.
- BPay ist eine eigene Funktion beim Online-Banking. „Offizielle" Rechnungen können so überwiesen werden. Dafür gibt es eine Biller-Number und eine Referenznummer. Australier geben nicht gerne ihre Kontodaten preis, so erklärt sich dieses „Alternativ-System".

Pay Anyone – ist eine Funktion beim Online-Banking und entspricht unserer Überweisung.
Nicht vergessen: im Englischen verwendet man bei 1, 50 $ einen Punkt statt eines Kommas – also 1.50 $.

Deutsche EC-Karten funktionieren im Normalfall auch hier. Natürlich fallen Gebühren an, und man ist den täglichen Währungsschwankungen ausgesetzt. Kontoinhaber der Deutschen Bank können bei der australischen Westpac umsonst abheben. Für die ersten Tage oder Wochen, also vor Einrichtung eines eigenen Kontos, ist dies sicher eine gute Zwischenlösung.

Und noch drei Tipps:

- Jeder Australier hat eine Kreditkarte – ohne sie sich kaum mehr ein Hotel oder ein Auto etc. buchen lässt. Also unbedingt mit dem Konto gleich mitorganisieren und bzw. oder noch eine deutsche mitbringen.
- Nicht zuviel Bargeld einführen (ab 10 000 $ muss man dies ohnehin beim Zoll deklarieren) – lieber das Geld im Nachhinein von der europäischen auf die australische Bank überweisen lassen. Es empfiehlt sich also, das europäische Konto zumindest am Anfang noch beizubehalten.
- Wer Angst hat, ungünstige Wechselkurse bei der Überweisung zu erwischen oder hohe Bankgebühren zu zahlen, der kann den Service von Ozforex in Anspruch nehmen.
  www.ozforex.com.au/personalmoving.htm

MIT KINDERN

Die lieben Kleinen ...

Australien ist ein sehr kinderfreundliches Land. Kindern wird auf der Straße zugewunken, bei einem „Wutanfall“ im Supermarkt wird nicht die Nase gerümpft und im Restaurant oder Cafe gibt es meist Malsachen, Hochstühle und natürlich einen „Babycino“, einen Kinderkaffee aus Milch und Kakaostreusel. Viele Familien haben deutlich mehr Kinder als mitteleuropäische Familien. Familien mit drei oder vier Kindern sind bei weitem keine Seltenheit. 2008 wurden 296 600 Kinder geboren, ein neuer Rekord!

Kinder werden sehr behütet. In „guten“ Gegenden werden Kinder mit dem Auto zur Schule gebracht und auch wieder abgeholt. Nur selten sieht man sie alleine an der Straße oder am Spielplatz. Das liegt auch an den Ganztagsschulen, wo Kinder ab ihrem fünften Lebensjahr bis zum späten Nachmittag quasi „gut beschäftigt“ sind. Das Behüten der Kinder nimmt manchmal ein recht seltsames Ausmaß an – so sollte man sich hüten, fremde Kinder anzufassen (z. B. wenn man am Spielplatz helfen will) oder sie gar mit auf ein Foto zu nehmen. Hier reagieren viele doch recht empfindlich. Ebenso empfindlich reagieren viele Australier und vor allem Kindergärten und Schulen auf die Tatsache, dass manche ausländische Kinder nicht geimpft sind. Dies ist hier quasi Norm und „Pflicht“, und bereits nach der Geburt bekommen die Babies hier ihre erste Impfung – nämlich Hepatitis B.

Eine Geburt muss übrigens beim Registry of Births, Deaths and Marriages angemeldet werden. Die jeweiligen Krankenhäuser informieren aber über diese Vorgänge und vermitteln auch den Erstkontakt zu einem Early Childhood Centre, wo man erste Babykurse belegt und andere Mütter trifft (siehe im Folgenden). Übrigens: Hier geborene Kinder haben – neben ihrer deutschen, österreichischen oder Schweizer Staatsbürgerschaft auch Anrecht auf die australische, sobald die Eltern Permanent Residents sind. Selbstverständlich haben auch Kinder dieses Anrecht, bei denen ein Elternteil Australier ist.

Angebote für Kleinkinder

Kindern wird viel geboten. Gute und sichere Spielplätze, Sportaktivitäten, Musikstunden, Spielzentren, Ferienprogramme etc. Die erwähnten sogenannten Early Childhood Centres organisieren Babykurse und Müttergruppen und zudem finden sich an den meisten Orten Spielgruppen (Playgroups), denen man beitreten kann. Wer nach der Geburt eines Kindes früh wieder arbeiten möchte, für den werden verschiedene Formen der Kinderbetreuung angeboten, die jedoch allesamt ziemlich teuer sind. Es besteht die Wahl zwischen Babysittern, Tagesmüttern (family daycare) und Kindermädchen (nannies) bis hin zu Ganztageskrippen (long daycare), die Kinder von Geburt an aufnehmen. Letztere sind äußerst kostspielig – teilweise bis zu 100 $ am Tag – und haben lange Wartelisten.

Staatliche Unterstützung existiert, wenn man unter eine bestimmte Einkommensgrenze fällt. Dann kann man den sogenannten Child Care Benefit in Anspruch nehmen. Unabhängig vom Gehalt gibt es zudem die Child Care Rebate, mit deren Hilfe man 50 Prozent der Kosten von staatlich anerkannten und registrierten Kindertagesstätten erstattet bekommen kann. Zuständig dafür ist das Family Assistance Office (siehe www.familyassist.gov.au).

Sobald die Kinder drei Jahre alt sind, können sie zwei oder drei Tage die Woche eine Vorschule besuchen, in der Regel von 9 bis 15 Uhr. Wer eine längere und häufigere Betreuung wünscht, lässt die Kinder einfach im Long Day Care, die ebenfalls Preschool Programme anbieten.

Praktisch ist die Einrichtung der Occasional Care Centres, die man, wie der Name schon sagt, nach der Anmeldung sporadisch nutzen kann – auch mal nur für ein paar Stunden.

Schulunterricht Down Under

Das Schulsystem hat einen hervorragenden Ruf, auch wenn es als weniger akademisch gilt. Unsere naturwissenschaftlichen Fächer wie Physik, Chemie und Biologie sind alle im Fach Science zusammengefasst; die Sprachausbildung wird nicht mit gleicher Intensität verfolgt wie in Europa. Dafür legen die Schulen mehr Wert auf Berufspraxis, soziale Kompetenz und Charakterbildung. Vor allem Privatschulen bieten viele sportliche und kulturelle Aktivitäten an wie Theater, Tanz, Musikunterricht etc. Aber auch etliche berufsbezogene Fächer stehen zur Auswahl, wo Kinder ihre künftigen Berufswünsche austesten können.

Disziplin wird höher bewertet, was schon dadurch deutlich wird, dass viele Schulen eine Schuluniform als Pflichtkleidung vorschreiben. Trotzdem herrscht ein sehr positives Klima, denn Schule soll Spaß machen!

Unterrichtsstart ist je nach Schule zwischen 8.15 Uhr und 9 Uhr. Die Schule endet gegen 15 oder 15.30 Uhr. Auch danach kann meist eine Betreuung in Anspruch genommen werden. Samstags ist schulfrei, aber trotzdem treffen sich die Kinder meist zu Sportveranstaltungen. Eltern werden gerne in Schulaktivitäten eingebunden. Die Beziehung der Schüler zur Schule bleibt oftmals ein Leben lang bestehen. Das zeigt sich darin, dass ehemalige Schüler sich schon mal gegenseitig einen Job verschaffen, die Schule mit großzügigen Spenden verwöhnen oder ihre eigenen Kinder ebenfalls wieder in die gleiche Schule schicken.

In entlegenen Gegenden wie im Outback wird über die „School of the Air" unterrichtet, eine Kombination aus Selbststudium und Unterricht per Funkgerät. Nach der Grundschule müssen diese Kinder aber in ein Internat in einem der größeren Orte wechseln.

Das australische Schulsystem kennt keine Dreiteilung wie bei uns mit der Unterscheidung in Hauptschule, Realschule oder Gymnasium. Das System entspricht eher dem Gedanken der Gesamtschule. Jeder geht nach der Grundschule in die sogenannte High School. Kinder gehen schon mit fünf Jahren zur Schule. Das erste Jahr ist eher zur Eingewöhnung, wobei die Kinder aber schon Schreiben und Lesen lernen. Erst nach diesem Art Vorschuljahr spricht man von „Year 1", also der ersten Klasse. Nach sechs Jahren Grundschule wechseln die Kinder in die Secondary School oder High School, die sie bis zur zehnten oder idealerweise 12. Klasse besuchen. Wer die Hochschulreife in der 12. Klasse erreicht, kann auch studieren, je nach seinem Notendurchschnitt natürlich. Eine Alternative zur Universität ist das TAFE College (Technical and Further Education), eine Mischung aus Berufsschule und Volkshochschule.

Privatschulen versus öffentliche Schulen

Mit der Schulzeit startet auch das Dilemma, eine Entscheidung zwischen öffentlicher Schule (public school) und Privatschule (private school) zu treffen. Privatschulen haben ähnlich wie in Großbritannien einen hohen Stellenwert in der Gesellschaft. Australier halten es für selbstverständlich, viel Geld in die Ausbildung ihrer Kinder zu investieren. Vor allem in Melbourne und Sydney gehört es zum „guten Ton“, eine der teuren Privatschulen zu besuchen, die teilweise bis zu 30.000 $ im Jahr kosten können. Neben dem Schulgeld müssen zum Beispiel auch Schuluniform, Bücher und Ausflüge bezahlt werden. Wie wichtig der Besuch so einer Privatschule ist, darüber scheiden sich die Geister. Der Lehrplan ist vorgegeben, egal ob private oder öffentliche Schule. Doch haben erstere natürlich mehr Geld für Schulausstattung, können kleinere Klassenstärken anbieten, die besten Lehrer anwerben... Die öffentlichen Schulen schneiden in den Abschlussnoten deswegen aber nicht unbedingt schlechter ab. Viele gehen den Mittelweg und lassen die Kinder die ersten Jahre auf der öffentlichen Schule und investieren erst in den Abschlussjahren in eine Privatschule. Eine weitere Alternative bietet sich mit den Schulen, die eng mit einer Konfession verbunden sind. Diese Privatschulen z.B. der katholischen Kirche, genießen einen guten Ruf, kosten aber nur einen Bruchteil der unabhängigen Privatschulen. Die Wartelisten mancher Privatschulen sind ellenlang, so dass viele Eltern ihr Kind bereits kurz nach der Geburt anmelden, so seltsam das auch klingen mag. Privatschulen sind übrigens meist reine Mädchen- oder Jungenschulen.

Öffentliche Schulen sind für Einheimische oder „Permanent Residents“ kostenlos, doch sind Bücher und Schuluniformen trotzdem zu bezahlen. Wer sich allerdings als temporärer Resident bzw. Expat hier aufhält, der muss auch für öffentliche Schulen Schulgeld zahlen.

Für besonders begabte Schüler werden sogenannte Selective Schools angeboten, die vom Staat gefördert werden.

Das Schuljahr beginnt im Januar bzw. Februar (die großen Ferien gehen bis Ende Januar). Es besteht aus vier Terms und endet kurz vor Weihnachten.

Studium und Berufsausbildung

Wer nach der Hochschulreife die Universität besuchen möchte, muss tief in die Tasche greifen. Australiens Institute haben zwar einen erfreulich guten Ruf, doch belaufen sich die Kurse teilweise auf mehrere tausend Dollar pro Jahr. Ein normaler Abschluss dauert drei Jahre, doch es gibt viele weiterführende Angebote und Abschlüsse, (s. Kapitel „Auswandern auf Zeit")
Vergleichbar mit unserem Bafög ist das Higher Education Contribution Scheme (HECS), das Studenten ermöglicht, die Studiengebühren abzubezahlen, sobald sie nach der Universität eine Arbeitsstelle gefunden haben. Kindern aus ärmeren Verhältnissen werden besondere Förderungen angeboten.

Schule in Australien – Studium in Europa

Deutschsprachige Schüler, die später in Europa und nicht in Australien studieren wollen, müssen bestimmte Fächerkombinationen wählen, damit der Abschluss hier zum Beispiel von einer deutschen Universität anerkannt wird. Diese Fächer sind Englisch, Mathematik (mindestens zwei Units), eine Naturwissenschaft und eine zweite Fremdsprache. Deutsch (für Deutsche) gilt dabei nicht als Fremdsprache. Deutsch zu wählen ist nicht unbedingt notwendig, aber viele wählen es natürlich, um eine gute Abschlussnote zu erzielen. Empfehlenswert ist es, beim Kultusministerium des jeweiligen europäischen Landes vorab anzufragen, falls der Wunsch eines Auslandsstudiums besteht. International anerkannt ist auch das International Baccalaureate (IB), das einige Privatschulen in den großen Städten anbieten. Auch an der deutschen Auslandsschule, der German International School in Sydney, beendet man die Schulzeit mit einem IB (siehe im Folgenden).

Englisch als „zweite Muttersprache"

Wer mit größeren Kindern einreist, wird feststellen, dass sie unglaublich schnell Englisch lernen, wobei die meisten im Multi-Kulti Land Australien auch rasch Anschluss finden. In den Schulen finden sich deswegen zum Beispiel Englischlehrer, die nur ESL – Kurse (English as a second language) anbieten und Kinder mit einer anderen Muttersprache besonders fördern.

Deutsche Auslandsschulen

In Sydney und auch in Melbourne (ab 2008) bestehen deutsche Auslandsschulen, die unter anderem gut sind für Familien, die nach ein paar Jahren wieder zurückkehren und ihre Kinder im deutschen Schulsystem belassen wollen.

German International School Sydney,
info@germanschoolsydney.com, www.germanschoolsydney.com
Die German International School Sydney zum Beispiel ist gegliedert in Vorschule, Klassen 1 – 4 der Grundschule, Sekundarstufe I mit den Klassen 5 – 10, Sekundarstufe II mit den Klassen 11 und 12. Abschluss ist das Internationale Baccalaureate, eine international anerkannte Studienzugangsberechtigung.

Deutsche Schule Melbourne, *info@dsm.org.au, www.dsm.org.au*
Die Deutsche Schule Melbourne hat die Vision "Leben und Lernen in zwei Kulturen". Sie steht deutsch- wie auch englischsprachigen Schülern offen. Der Unterricht findet zweisprachig statt, wobei er in den Anfangsjahren der Grundschule zu 80-90 Prozent auf Deutsch erfolgt. Der Anteil englischsprachiger Klassen steigt dann Jahr für Jahr an. Die Schule startete 2008 zunächst mit dem Kindergarten- bzw. dem Vorschuljahr und der ersten und zweiten Klasse. Seitdem kommt pro Jahr eine neue Klasse dazu. Der Lehrplan entspricht deutschen und australischen Vorschriften und wird letztlich bis zum International Baccalaureate führen.

Wer sein Kind nicht auf eine deutsche Auslandsschule schicken, ihm aber trotzdem deutsche Kultur, Lesen, Schreiben etc. vermitteln möchte, für den gibt es in den großen Städten auch Samstagsschulen und private Initiativen für den Deutschunterricht. Die jeweiligen Kontakte / Angebote erhält man über die jeweiligen Konsulate oder die Goethe-Institute.

Spatzenschule Melbourne,
Kontakt@spatzenschule.org.au, www.spatzenschule.org.au
In Melbourne gibt es zudem eine deutsche Grundschulausbildung. Die Spatzenschule will Kinder von 4 bis 11 Jahren mit Vorkenntnissen in der deutschen Sprache in Lesen, Schreiben und mündlichem Ausdruck unterrichten. Das Angebot ist in die Toorak Primary School eingegliedert.

Exkurs: Nathalie Simons und Frank Theilen wanderten gleich zweimal aus

Doppelt hält besser

Nach drei Monaten Traumurlaub hatten Nathalie Simons und Frank Theilen die Nase voll vom grauen, wolkenverhangenen Deutschland. Sie wanderten kurzerhand aus – nach Perth in Westaustralien. Nathalie hochschwanger und Frank ohne Job. Da kam so manches anders als erhofft....

„Australien war für uns ein fernes Land, ein Abenteuerland, wo die Leute Englisch sprechen und es Kängurus und Koalas gibt“, erinnert sich Frank an den

Urlaub damals. Doch nach drei Monaten waren die beiden fasziniert und wieder zu Hause im kalten Deutschland angekommen, ließ sie der Gedanke an Australien nicht mehr los. „Nach einem halben Jahr daheim beschlossen wir, den Visumsantrag einzureichen.“ Das dauerte dann jedoch erst mal und nach eineinhalb Jahren folgte zunächst eine Absage. „Fünf Punkte fehlten uns zu unserem Traum. Wir dachten: dann ist jetzt die richtige Zeit, um ein Kind zu kriegen.“ Nathalie wurde schwanger und wenig später kam ein neuer Brief. Das Punktesystem war verändert worden und die beiden waren akzeptiert.

„Allerdings mussten wir bis Dezember einwandern, genau Lisas Geburtstermin“, sagt Nathalie. In der 28. Schwangerschaftswoche flogen sie dann schließlich los, ins weitgehend unbekannte Land, ohne Job und mit nur zwei Rucksäcken. Alle ihre Habseligkeiten und vor allem die Babyerstausstattung hatten sie per Container verschifft – der sollte sechs Wochen später ankommen.

„Wir wollten erst mal nach Perth, weil dort mein bester Freund wohnte und wir drei Wochen bei ihm wohnen konnten“, sagt Nathalie. Doch die Haus- und Jobsuche war damals in Westaustralien nicht so einfach wie gedacht, die Freunde weniger hilfsbereit als zunächst erwartet. „Dann wurde Frank krank und musste operiert werden, und Lisa kam zur Welt. Im heißesten Dezember seit sieben Jahren.“

Die gesamte Zeit lebten sie von Ersparnissen, fast 15000 Euro kosteten Container, Flüge und die ersten Monate. Es war eine Zeit des Auf und Abs. Sie liebten das Land und die Leute, vor allem Fremantle, den kleinen Vorort von Perth, wo sie ihr neues Zuhause gefunden hatten. Doch ohne Familie und Freunde und ohne soziale Sicherheit waren sie bald am Rande ihrer Kräfte. “Nach etwas mehr als einem Jahr ging uns auch einfach das Geld aus“, sagt Frank, „wir mußten aufgeben und wieder nach Hause zurück.“

Zu Hause in Hannover war die Freude überschwenglich. Familie, Freunde, alle waren am Flughafen, hatten warme Winterklamotten für Nathalie, Frank und vor allem Lisa dabei, die nie zuvor in ihrem Leben Schuhe getragen hatte. Frank fand einen Job als Computerfachmann bei einer Behörde, Nathalie wurde mit Philippe schwanger. Sie zogen in eine 120 Quadratmeter Traumwohnung und alles hätte perfekt sein können. Doch weder Nathalie noch Lisa waren zurück in Deutschland glücklich.

„Lisa bekam Durchfall und hörte sogar wieder auf zu laufen. Und ich saß morgens um 6 Uhr in einer kalten und dunklen Wohnung und wusste nichts mit mir und den Kindern anzufangen. Kein Spielplatz oder Strand in der Nähe, stattdessen nur kaltes und regnerisches Wetter. Da bekam ich Fernweh nach Australien“, erzählt Nathalie. „Eines Morgens, es war der 24. November– das weiss ich noch wie gestern – fragte ich Lisa, ob sie wieder nach Australien wolle. Sie sagte ja. Ich rief Frank im Büro an und sagte: wir fahren wieder zurück, Lisa will auch.“ Und auch Frank wollte. Er sah seine Behördenstelle auf Lebenszeit ohnehin mehr als Sackgasse an und dann war da noch sein Traum. „Ich will den Himmel sehen, keine Hochhäuser oder graue Regenwolken.“

Den zweiten Auswanderversuch planten sie besser als den ersten. „Wir brachen unsere Zelte wirklich ab.“ Sie kündigten Versicherungen und verkauften oder verschenkten ihre Möbel. „Mit jedem Stück, das wir weggaben, fühlte ich mich leichter und freier“, meint Nathalie. Ohne viel Ballast, nur mit ein bisschen Kleidung, Spielzeug und alten Fotos brachen sie wenig später auf. Viele Freunde und Verwandte reagierten mit Unverständnis, fanden den Schritt leichtsinnig und unvorsichtig. Andere bewunderten den Mut der Familie, denn die Sicherheit fehlte auch dieses Mal. Frank hatte wieder keine Stelle, auch wenn er sich besser qualifiziert fühlte, und an der Ostküste, dem neuen Ziel, kannten sie niemanden. Sie starteten in Byron Bay im Norden von New South Wales. Frank schrieb 70 Bewerbungen, hatte zehn Bewerbungsgespräche. Schließlich sagte ein Arbeitgeber in Sydney zu, so dass sie Hals über Kopf in die Millionenmetropole zogen.

“Ich fühlte mich am Anfang in Sydney wie ein kleines Kind, so viele Menschen, Autos, Hochhäuser. Die Leute waren auch nicht so freundlich wie im Rest Australiens und gleich zu Anfang hatte ich einen Riesenstreit mit unserem Wohnungsmakler“, erinnert sich Nathalie. Doch die Kinder lebten sich sofort ein, Franks Job entwickelte sich gut und die Familie fand ein gemütliches Dreizimmerhäuschen mit Garten.

„Auch wenn Sydney eine Großstadt ist, selbst hier konnte man noch mehr Himmel sehen als in Hannover“, strahlt Frank. Und auch Nathalie fühlte sich nach den Anfangshürden wohl. Doch Fremantle und Westaustralien, wo sie ganz am Anfang waren, ging den beiden nicht aus dem Kopf. Als Frank schließlich Ende 2006 eine Stelle in Perth fand, wo inzwischen in vielen Bereichen Arbeitskräfte verzweifelt gesucht wurden (und auch immer noch werden), packen sie deshalb nochmals die Koffer. Seitdem schicken sie regelmäßige E-Mails, die von Wochenendausflügen zum Strand oder nach Rottnest Island berichten, vom Schwimmen, Schnorcheln und Radfahren. Und man glaubt es ihnen gerne, wenn sie sagen: „Aus Australien bringt uns keiner mehr weg.“

GEFAHREN

Gift und Galle

Im Prinzip handelt es sich um kein gefährliches Land. Nicht an jeder Ecke lauern Giftschlangen, -spinnen, Quallen, Krokodile oder Haie. Trotzdem gelten andere Vorsichtsmaßnahmen als in Europa. Dies liegt zum einen natürlich daran, dass diese giftigen oder gefährlichen Tiere tatsächlich existieren, auch wenn Unfälle mit ihnen im Vergleich zu Verkehrsunfällen zum Beispiel selten sind.

Sonne, Buschfeuer und Meeresströmungen

Zum anderen schlummern Gefahren in Themen, an die Europäer vielleicht gar nicht denken würden, u.a. Sonne und Hitze im Sommer. Hier gilt: immer einen Hut und Sonnencreme tragen und genügend Wasser mit dabei haben! Wer im Sommer wandern geht, der muss die Tafeln zum Thema Buschfeuergefahr gut im Auge behalten. Denn bei den oft extremen Temperaturen kann ein Feuer schnell starten und sich vor allem rasant ausbreiten, da die Eukalyptusbäume beinahe so schnell wie Fackeln zu brennen beginnen.
Ein weiteres Thema ist das Schwimmen im Meer. Vielerorts herrschen starke Strömungen, die den Schwimmer ins offene Meer hinausziehen und vom Strand aus nicht erkennbar sind. Deshalb sollte man nur an überwachten Stränden schwimmen und dort zwischen den Flaggen bzw. in den wunderschönen und kostenlosen Meerwasser-Swimmingpools.

Fahrten im Outback

Ebenso ungewohnt für Europäer sind die Entfernungen und die Einsamkeit des Outbacks. Hier sind einige grundlegende Vorsichtsmaßnahmen zu beachten: bei Pannen oder Unfällen im Outback nie das Auto verlassen, nie auf gut Glück losmarschieren und Hilfe suchen, die eventuell hunderte Kilometer weit entfernt liegt. Immer eher im Schutz des Autos, bei Wasser- und Essensvorräten bleiben. Auf normalen Routen werden über kurz oder lang Autos vorbei kommen. Ist die Route sehr einsam, dann immer andere Menschen am Abfahrts- und Ankunftsort über Reisepläne informieren. Grundsätzlich sollte man bei Fahrten im Outback immer deutlich mehr Wasser, Benzin und Essensvorräte mitnehmen, so dass man mehr als die geplanten Reisetage überstehen könnte.
Doch zurück zu dem giftigen Getier, das hier tatsächlich häufiger und zudem giftiger vorkommt als auf jedem anderen Kontinent. Mehr als 50 giftige Land- und Seeschlangen, 22 Spinnenarten, die Blauringkrake, Kegelschnecken (schöne Muscheln in Queensland, die zum Sammeln verführen), sieben Quallenarten sowie etliche giftige Fische (z. B. Steinfisch), Skorpione und Insekten (z.B. Bull Ants, Tausendfüßler, Zecken ...) machen das Land zu einem Kontinent der Giftmischer. Selbst das so süße Schnabeltier hat noch einen giftigen Stachel – allerdings nur das Männchen.

Giftspinnen

Nur wenige Menschen werden mit einem Blue Ringed Octopus (Blauringkrake) oder einem Steinfisch zusammenstoßen, was einem aber alltäglich begegnen kann, sind Giftspinnen. Fast alle, die hoch über einem – in den zahlreichen Netzen zwischen den Bäumen – hängen, sind harmlos. Das sind die sogenannten "Orb Weavers". Auch die handtellergroßen Huntsman Spinnen sehen nur gruselig aus. Wirklich gefährlich sind einige am Boden lebende Spinnen: allen voran die Funnelweb Spider oder Trichternetzspinne oder die Redback bzw. Rotrückenspinne. Ähnlich giftig sind Mouse Spider, Wolf Spider oder White Tailed Spider zum Beispiel. Die Funnelweb Spider ist die todbringendste Spinne der Welt. Besonders gefährlich ist das Männchen. Es wird 25-30 Millimeter groß, ist glänzend schwarz und wenn es sich angegriffen fühlt, sehr aggressiv. Die Spinne ist nachtaktiv, lebt am Boden und wandert vor allem nach Regen gerne umher.

Die gefährlichste Art kommt in Sydney und Umgebung vor. Bisse sind selten und passieren meist, wenn Leute Schuhe oder Kleidungsstücke im Freien liegenlassen und anziehen, ohne sie vorher auszuschütteln, beim Reinigen von Poolfiltern oder bei Gartenarbeiten ohne Handschuhe. Abgesehen von einem starken Schmerz verrät sich der Biss der Spinne dadurch, dass sich die Haare am Arm aufstellen, die Gesichts- und Zungenmuskeln zu zucken und die Augen zu tränen beginnen, der Speichelfluss unkontrolliert wird und sich Schleim in der Lunge ansammelt. Als erste Hilfe wird die Pressure-Immobilisation-Methode empfohlen. Diese Erste-Hilfe-Maßnahme gilt auch beim Biss einer Giftschlange.

Wichtig bei dieser Methode ist es, das Opfer ruhig zu stellen (so schwierig das auch sein wird), den Notarzt anzurufen und dann eine feste Bandage anzulegen (Nicht abbinden!). Bandagiert wird mit einer elastischen Binde vom Biss bis zum Anfang des Gliedmaßes, also zum Beispiel bei einem Biss in die Hand den Arm hoch bis zur Schulter bandagieren. Ein fester Stock kann mit eingewickelt werden, um das Gliedmaß ruhig zu stellen. Damit wird das Wandern des Giftes im Körper verzögert oder sogar verhindert.

Diese Methode kann bei den meisten Stichen oder Bissen von Gifttieren angewendet werden, allerdings nicht beim Biss der Redback- oder Rotrückenspinne (einem häufigen Gast in australischen Gärten, Garagen, Schuppen etc.). Hier verstärkt sich der Schmerz dadurch sogar. Am besten ist es, die Wunde mit Eis zu kühlen und den Patienten ins Krankenhaus zu bringen.

In den meisten Fällen sind heute Gegengifte schnell verfügbar, trotzdem sind die Nachwirkungen eines solchen Vorfalles noch lange spürbar. Das Opfer einer Trichternetzspinne berichtete zum Beispiel noch nach Jahren von einer außergewöhnlichen Muskelschwäche in der Hand, in die es gebissen wurde.

Giftschlangen

Was Schlangen betrifft, so gibt es hier die zehn giftigsten Schlangen weltweit. Und von den 25 Top Giftschlangen der Erde sind immerhin 21 australische. Schlangenbisse können zu jeder Jahreszeit auftreten, doch in den wärmeren Monaten ist die Gefahr wesentlich höher. Und auch wenn auf dem Land deutlich mehr Schlangen als in der Stadt umherkrauchen, so dürfen sich Stadtbewohner keinesfalls zu sicher fühlen. In Adelaide zum Beispiel werden jedes Jahr hunderte von giftigen Schlangen aus Häusern geholt.

Besonders bei Buschwanderungen sollte man sich gut schützen. Feste Schuhe und dicke, lange Hosen reichen im Normalfall aus, um einen Schlangenbiss abwehren zu können. Außerdem gilt es kräftig aufzutreten. Schlangen können zwar nicht hören, aber sie spüren die Erschütterung im Boden. Und immer auf einen im Weg liegenden Baumstumpf treten und nie darüber hinweg. Dahinter könnte eine Schlange in der Sonne liegen. Hohes Gras gilt es zu meiden. Sieht man tatsächlich eine Schlange, ist es am besten, das Tier in Ruhe zu lassen und es weder attackieren, verscheuchen noch einfangen zu wollen.

Giftige Quallen

Nicht zu unterschätzen sind die australischen Quallen. Die Seewespe oder der Box Jelly Fish ist einer der tödlichsten Meeresbewohner weltweit. Das Tier hat einen großen, durchsichtigen Körper, wie eine Glocke geformt, der durchaus so groß wie ein Eimer werden kann. Die Seewespe lebt in den flachen Küstengewässern und Flußmündungen Nordaustraliens. Ihr Gebiet erstreckt sich in etwa von der Küste Queenslands über die Nordspitze des Northern Territories bis nach Westaustralien. Am häufigsten tritt sie in den Sommermonaten November bis Mitte März auf.

Ist das Wasser klar, erkennt man das Tier als Schwimmer normalerweise. Doch zum Beispiel vom Boot aus ins Wasser zu springen, kann lebensgefährlich sein. Vor allem nach Regenschauern, die das Wasser trüben, ist es beinahe unmöglich, die durchsichtigen Tiere zu erkennen. Das Gift ist so stark, dass ein sofortiger, intensiver Schmerz auftritt, nach Aussagen Betroffener vergleichbar mit dem Aufdrücken einer brennenden Zigarette auf die Haut. Dort wo die Tentakel die Haut berührt haben, erscheinen dünne, lange rotbraune Linien, die einem Peitschenschlag gleichen und dauerhafte Narben zurücklassen. Das Gift kann Herz- und Kreislaufversagen auslösen und eine Lähmung der Atemwegsorgane (Schluck- und Sprechschwierigkeiten folgen ebenfalls).

Ohne sofortige Behandlung kann das Opfer innerhalb weniger Minuten sterben. Für den Stich der Seewespe ist seit 1970 ein Gegengift verfügbar, das aber relativ schnell gegeben werden muss, um helfen zu können. Wiederbeatmung kann notwendig sein, um das Opfer am Leben zu halten, bis medizinische Hilfe eintrifft. Ein Druckverband (falls Gegengift nicht sofort verfügbar ist und falls ein Glied betroffen ist) sowie normaler Haushaltsessig auf die betroffenen Hautstellen, der verhindert, dass noch mehr Gift in die Haut eintritt, gehören zu den ersten Hilfemaßnahmen.

Erst vor einigen Jahrzehnten haben Wissenschaftler die winzige Irukandji-Qualle entdeckt, die zwar nur etwa zwei Zentimeter groß, dafür aber höchst gefährlich ist. Sie wird für ein ungewöhnliches und äußerst gefährliches Syndrom verantwortlich gemacht, das bei einigen Menschen bereits zum Tod geführt hat. Zunächst ist – anders als beim Box Jelly Fish – ein Stich nicht schmerzhaft, aber eine halbe bis dreiviertel Stunde später treten plötzlich starke Rücken- und Kopfschmerzen, stechende Schmerzen in Muskeln, Brust und Unterleib, Übelkeit, Erbrechen und Angstzustände auf. Das Tier findet sich in eher tieferen

Gewässern im Norden, wo Taucher und Schnorchler deshalb besonders gefährdet sind. Wichtig ist es, den Patienten bei einem Unfall mit der Qualle zu beruhigen und ins Krankenhaus zu bringen. Essig auf die Wunde zu geben, wird nicht empfohlen.
Blue Bottles oder Portuguese Man of War sind häufige, wenn auch unerwünschte Strandbesucher in den australischen Sommermonaten. Die Quallen sind eigentlich eine kleine Kolonie an Meeresbewohnern und nicht ein einzelnes Tier. Sie können bis zu 15 Zentimeter groß werden – mit Tentakeln bis zu zehn Metern. Manchmal sind in Sydney ganze Strände voll von den bläulichen Tuben, und Strandbesucher müssen äußerste Vorsicht walten lassen, denn der Stich der Qualle ist noch schmerzhaft, selbst wenn sie schon tot ist. Meist tritt ein langer roter Strich auf der Haut auf. Erste Hilfemaßnahmen sind das Entfernen der Tentakel mit Handschuhen und das Auflegen von Eispackungen. Alkohol wird nicht empfohlen, da er den Schmerz noch verstärkt.

Eingeschleppte Gifttiere

Neben den einheimischen Gifttieren, wurden zwei unangenehme, ebenfalls giftige Plagen für Menschen, Tiere und Pflanzen eingeschleppt. Die sogenannten. Agakröten oder Cane Toads waren 1935 aus Hawai importiert worden, um den Zuckerrohrkäfer zu bekämpfen. Dieses Vorhaben schlug komplett fehl, und die Kröte breitete sich unkontrolliert aus. Ihre Giftdrüsen am Kopf sondern ein Gift ab, das den Blutdruck erhöht und Halluzinationen auslöst. Immer wieder gibt es "Spinner", die an den Kröten lecken, um ein berauschendes Gefühl hervorzurufen und schließlich mit einer Vergiftung im Krankenhaus landen. Besonders Haustiere sind von den Kröten gefährdet, aber auch einheimische Schlangen, Vögel und sogar Krokodile sterben, wenn sie eine der Kröten fressen. Die Kröten tötet man auf humane Art und Weise, indem man ihre Körpertemperatur verringert, das heißt, sie in einer Plastiktüte in den Kühlschrank legt.

Feuerameisen haben sich über ein Schiff aus Amerika auf den australischen Kontinent eingeschlichen und richteten unermesslichen Schaden an Fauna und Flora an. In rasender Geschwindigkeit hatten sich die Ameisen in Brisbane ausgebreitet – doch ein wahrer Generalstabsplan griff und rottete die Feuerameisen langsam wieder aus. Heute gilt die Situation als unter Kontrolle. Der Stich der Feuerameise ist ebenso wie der der einheimischen Bull Ant (Buldoggenameise) giftig, und der Schmerz entspricht in etwa dem eines Wespenstiches. Beschwerden wie juckende Ausschläge, Brustschmerzen, Übelkeit, starkes Schwitzen, Atemnot, Schwäche oder Ohnmacht können folgen. Eine allergische Reaktion kann in manchen Fällen sogar zum Tod führen.

Krokodile und Haie

Baden im Norden Australiens ist nicht nur wegen der erwähnten Quallen, sondern auch wegen der gefährlichen Salzwasserkrokodile nicht ratsam. Diese können im offenen Meer, in Flüssen und Wasserstellen vorkommen. Sie sind Meister der Tarnung und im Wasser wie an Land deutlich schneller in ihrer Reaktion als man vermuten könnte. Krokodile ertränken ihre Opfer mit der sogenannten "Todesrolle" und die Überlebenschancen bei einem Angriff sind gering!

An allen Küsten muss man sich zudem vor Haien in Acht nehmen. Haiangriffe sind selten, kommen aber jedes Jahr vor. Besonders gefährlich scheint es zu sein, in der Dämmerung zu schwimmen, in trüben Hafengewässern und in Flussmündungen.

Diese noch lange nicht vollständige Liste an gefährlichen Tieren soll aber niemanden abschrecken, denn die Gefahren lauern – wie bereits zu Anfang erwähnt – wirklich nicht an jeder Ecke und normale Achtsamkeit und einige Grundregeln (Vorsicht beim Schwimmen, keine Kleidung draußen liegen lassen, nicht ohne Handschuhe zwischen Blättern oder in der Erde graben...) sollten einen umsichtigen Besucher oder Neuankömmling durchaus auch auf dem giftigsten Kontinent der Erde am Leben halten.

Notrufnummer 000, Polizei, Ambulanz und Feuerwehr.

FREIZEITTIPPS

Entspannen

Naturschönheiten

Australiens unbestreitbarer Wow-Faktor ist seine Natur. Jahr um Jahr wird das Land beim Anholt Nations Brand Index zum „country richest in natural beauty" („das Land mit den meisten Naturschönheiten") gewählt. Für den Anholt NBI werden rund 25.000 Menschen in über 35 Ländern weltweit befragt. Dicht hinter Australien folgt übrigens Neuseeland.

Von üppigen Regenwäldern im Norden des Landes, kargen Outbacklandschaften im Zentrum, Traumstränden und turmhohen Klippen an den Küsten bis hin zu riesigen Nationalparks mit duftenden Eukalyptuswäldern hat das Land eine Vielfalt zu bieten wie kaum ein anderes der Erde. Und natürlich tun auch die knuddeligen Koalas, Kängurus, Wombats, Schnabeltiere, Dingos etc. das ihrige dazu. Australien ist aber auch ein Land, das immer noch überrascht. Hier ist bei weitem noch nicht alles entdeckt und erforscht. Nicht umsonst wurden erst

vor wenigen Jahren Exemplare der Wollemi Pine in einem einsamen Nationalpark entdeckt. Diese "Dinosaurier"-Pflanze hatte man bereits für ausgestorben erklärt. Wer weiß, was man im weiten, unzugänglichen Terrain des Landes in den kommenden Jahren noch alles finden wird ...
Natur- und Tierliebhaber kommen also voll auf ihre Kosten. Auch für Wander- und Campingfans, Golfer, Wassersportler oder Geländewagenfahrer ist es ein wahres El Dorado. Von den meisten großen Städten aus ist es einfach, nette Wochenendausflüge zu machen. In Perth zieht es Weinliebhaber in die Margaret River-Region oder Tagesausflügler nach Rottnest Island. Wer in Adelaide lebt, kann einfach ein paar Tage die Flinders Ranges, Kangaroo Island oder das Barossa Valley besuchen. Melbournier zieht es zum Beispiel zur Mornington Peninsula, an die Great Ocean Road oder in die Grampians. Sydneysider haben die Blue Mountains, das Hunter Valley oder die Southern Highlands vor der Tür, und von Brisbane aus ist es ein Katzensprung bis an die Gold Coast im Süden oder die Sunshine Coast im Norden.

Kultureller Nachholbedarf

Kulturell liegt man unbestreitbar hinter Europa zurück. Abgesehen von der Kunst der Aboriginal People fehlt dem Land rein kulturhistorisch die Tiefe, und es hat in den vergangenen 200 Jahren auch durch seine Abgeschnittenheit nicht unbedingt aufholen können. Zudem ist die Kulturförderung und das Kultursponsorship bei weitem nicht wie in europäischen Ländern ausgeprägt. Trotzdem gibt es auch hier einige kulturelle Höhepunkte wie natürlich das Opernhaus in Sydney, die Sydney Dance Company oder die Symphonieorchester Melbournes, Sydneys und Tasmaniens. Hervorragend gemacht sind die Museen; auch die etlichen kulturellen Festivals lohnen einen Besuch. Das Land ist zudem ein begehrter Produktionsort für Hollywood-Spielfilme, und auch die zeitgenössische australische Musik feiert über die Grenzen des Landes hinaus Erfolge.
Doch gerade beim Theater oder auch in der Malerei ist es schwierig für innovative Künstler, einen Fuß auf den australischen Boden zu bekommen. Dies mag auch an dem sogenannten „Tall Poppy"-Syndrom liegen, an dem das Land ohne Frage leidet. Dieses Syndrom, das auch immer wieder öffentlich in den australischen Tageszeitungen diskutiert wird, erlaubt keine „herausragenden Talente", die über die Massen hinausragen würden, etwas wirklich Neues oder gar Revolutionäres zu machen. Im Bereich Theater haben die Künstler in den vergangenen Jahren jedoch prominente Unterstützung erhalten, da die bekannte australische Hollywood-Schauspielerin Cate Blanchett zusammen mit ihrem Mann nach Sydney zog und zeitweise die künstlerische Leitung des Sydney Theatres übernahm.

Deutsche Kultur, Treffpunkte und Medien

Einige deutschsprachige Künstler, Galeristen, Bühnenbildner, Regisseure, Sänger und Schriftsteller haben sich hier niedergelassen und versuchen, europäische und australische Einflüsse zu verbinden und weiterzuentwickeln. Außerdem fördern zwei Goethe-Institute in Sydney und in Melbourne europäische und vor allem deutsche Kultur und Sprache (s. www.goethe.de/australien)

Auf die deutsche Sprache muss man ohnehin nicht verzichten, denn die deutschsprachige Gemeinde ist relativ groß. Es gibt in fast allen Städten deutschsprachige Stammtische (z.B. Deutschgruppe Brisbane, Yogis Sydney, Treffpunkt Sydney, Fischköpfe Perth, Stammtisch Melbourne oder die Gruppe Internations, wo ebenfalls viele Deutschsprachige mit von der Partie sind) oder sogar deutsche, österreichische und Schweizer Clubs. Kontakte zu diesen Treffen und Clubs findet man auf den deutschsprachigen Webseiten:
www.infobahnaustralia.com.au, www.deutscheinmelbourne.net und
www.deutscheinperth.net.
Abgesehen von den Webseiten gibt es noch weitere deutschsprachige Medien: so sendet der internationale Fernsehsender SBS deutschsprachige Filme wie „Kommissar Rex" und jeden Morgen deutsche Nachrichten über die Deutsche Welle in Berlin. Auch das Radioprogramm von SBS hat ein deutschsprachiges Angebot. Uhrzeiten der Sendungen sowie Podcasts und Videos unter www.sbs.com.au/yourlanguage/german.

Fast jede Stadt hat zudem Community Radioprogramme auf Deutsch (z. B. die Deutsche Stimme in Adelaide). Auch diese Links und Kontakte sind alle über die InfobahnAustralia abrufbar. Printmedien kann man ebenfalls kaufen. So führen große Zeitungskioske oder Newsagents teils deutsche Tageszeitungen oder Magazine (allerdings etwas „veraltet" durch den langen Transport) und es gibt in Sydney die deutsche Wochenzeitung „Die Woche" und in Perth ein kostenloses Faltblatt mit dem Namen „Treffpunkt WA".

Wer weiter Radiosender aus Europa hören möchte, kann sich über die folgende Internetseite über die Online-Angebote informieren:
www.radioweb.de/livesender.html.

Auch das Fernsehprogramm aus Europa zu sehen, ist inzwischen möglich.
Sendungen und Filme können angeschaut werden unter:
www.sendungverpasst.de.
www.glotzdirekt.de

Deutsche Programme aufzeichnen, anhören oder anschauen kann man z.B. auch über Webseiten wie www.onlinetvrecorder.com oder www.join.tv. Solche Angebote sind vor allem für längere Besuche von Freunden oder Verwandten ideal. Wichtig ist es, bei allen Angeboten die rechtlichen Grundlagen in Deutschland im Auge zu behalten! Viele Fernsehsender bieten ihre Nachrichtensendungen oder bestimmte Sendungen im Internet an. Bei einigen Angeboten begrüßen einen die Sender jedoch mit dem Vermerk, dass man den Stream aus rechtlichen Gründen nicht im Ausland anschauen könne. Um dies zu umgehen, muss man eine sogenannte VPN Verbindung bzw. ein Virtual Private Network aufbauen. So kann man nicht mehr erkennen, ob eine Webseite aus dem Aus- oder Inland auf die Inhalte zugreifen möchte.

Für Inhalte siehe zum Beispiel:
www.daserste.de
www.zdf.de
http://tvthek.orf.at
www.sf.tv
www.rtl.de

Australische Medien

Das australische Zeitungs- und Zeitschriftenangebot ist sehr vielschichtig. So werden zum Beispiel rund 500 Zeitungen und 1500 Zeitschriften Down Under verlegt. Der Fokus liegt dabei weniger auf politischen und wirtschaftlichen Magazinen, als vielmehr auf Sport-, Frauen- und Wohnzeitschriften. Auch das Radioangebot ist enorm für nur 23 Millionen Hörer . Es gibt weit über 500 öffentliche und kommerzielle Radiostationen sowie die erwähnten Community Radios.

Dafür ist das Fernsehprogramm etwas eingeschränkter, es sei denn man nimmt das nicht ganz billige Pay TV in Anspruch (z.B. Foxtel). Es gibt zwei staatliche und drei private Sender, die landesweit senden und kostenlos zugänglich sind und die allesamt Zweit- und Drittsender betreiben, in denen sie Wiederholungen senden oder Filme und Sendungen mit geringeren Einschaltquoten. Die staatlichen Sender sind die Australian Broadcasting Corporation (ABC) und der bereits erwähnte Special Broadcasting Service (SBS). Während die ABC versucht, eine große Bandbreite an Themen und Stimmungen abzudecken, gilt SBS als der internationale Multi-Kulti Sender. Die drei großen privaten Sender sind Channel 7, 9 und 10 (in regionalen Gegenden treten sie teilweise mit anderen Namen auf). Noch jung ist das Programm „National Indigenous Television" aus Sydney, produziert von Aborigines für Aborigines.
Vor allem wer das Niveau der europäischen Nachrichtensendungen gewöhnt ist, wird sich umstellen müssen. Denn außer SBS legen alle anderen Sender hohen Wert auf nationale Meldungen und Sport. Wichtige internationale und auch politische Meldungen treten dabei eher in den Hintergrund.

Das Fernsehprogramm kann abgerufen werden unter www.yourtv.com.au/guide.

Sport

Sportmeldungen spiegeln den außerordentlich hohen Stellenwert des Sports wider. Schulkinder haben meist samstagvormittags eine Sportveranstaltung auf dem Programm stehen. Rugby, Cricket, Football (Australian rules), Schwimmen,

Tennis, Leichtathletik, Rudern, Segeln, Surfen, Netball oder Beach Volleyball gehören zu den beliebtesten Sportarten. Die Sportbegeisterung startete in den ersten Jahren seiner Kolonisation, als Goldgräber Wettrennen veranstalteten, boxten oder Fußball spielten.

Essen und Trinken

Eine weitere Wochenend-Obsession des Australiers ist der Barbecue. Gegrillt wird einfach überall: Auf für europäische Verhältnisse überdimensionalen „Kochstationen" zu Hause oder auf festinstallierten Grills am Strand oder im Nationalpark.

Überhaupt isst und genießt der Australier gerne. Durch das meist schöne Wetter und die günstigen Preise gehen viele nicht nur am Wochenende Frühstücken, Brunchen oder Lunchen. Auch abends sind die Restaurants und Kneipen voll, und vielerorts gibt es vorzügliche Speisen und vor allem exzellenten Kaffee (um die Hälfte billiger als in Mitteleuropa) und Wein. Das Image des faden britischen Essens – mit geschmacklosem Porridge, wässrigen Baked Beans oder undefinierbaren Meat Pies – ist lange schon passé. Letztere Dinge gibt es zwar immer noch, doch viele haben sie so verfeinert, dass sie fast schon zu einer Delikatesse geworden sind.

Essen im Restaurant ist auch deutlich billiger als in Mitteleuropa. Durch die große Auswahl und den Einfluss von gutem und billigem asiatischen Essen, frischem Seafood und exzellentem Fleisch und Gemüse ist die australische Küche nicht nur erschwinglich, sondern auch innovativ und kreativ. Vielerorts reden die Leute über neue Essenstrends und tauschen Rezepte aus. Kochshows im Fernsehen sind große Hits und berühmte Köche werden wie Schauspielstars behandelt. Essen gehen ist aber nicht nur günstiger, da mehr günstige Restaurants existieren, sondern auch dadurch, dass man nicht „schräg" angesehen wird, wenn man das kostenfreie „Tab Water" (aus dem Hahn) bestellt oder den Wein selbst mitbringt. (BYO, „Bring your own" ist in vielen Lokalen sogar ein Muss, da nicht alle eine Ausschankgenehmigung haben). Bei BYO wird nur eine geringe „Korkengebühr" verlangt.

Shopping

So gerne wie gut gegessen wird, wird auch geshoppt. Die boomende Wirtschaft sorgt für ein gesundes Einzelhandelsklima, und Australier geben ihr Geld auch gerne wieder aus. Sie sind risikofreudiger als zum Beispiel Deutsche und auch leichter bereit, Kredite aufzunehmen. Es existieren demnach deutlich mehr große Einkaufszentren als in Deutschland. Auf mehreren Ebenen befinden sich hier etliche Geschäfte, Supermärkte, Restaurants, Cafes und Kinos, und viele Australier gehen gerne auf eine Stippvisite ins Shopping Centre.

Bekannteste Namen – Geschäfte, Supermärkte:

Supermärkte: Woolworth, Coles, IGA (teurer, führt aber viele europäische Marken) und Aldi (auch wenn er nicht nur deutsche Produkte hat). Große Supermarktketten haben oft täglich und bis Mitternacht geöffnet. Ein sehr angenehmer Luxus!

Möbel: Fantastic Furniture, Freedom Furniture und Ikea (hat nicht immer das gleiche große Sortiment wie in Europa) – bei Möbeln lohnt es sich auch, die kleinen Geschäfte zu erkunden. Hier kann man oft sehr schöne asiatische Möbel zu guten Preisen finden.

Baumärkte: Mitre 10, Bunnings
Elektrogeräte: Dick Smith, Harvey Norman
Billiggeschäfte: Kaymart, Big W, Target (führen Kleidung, Haushaltswaren, Kinderwaren, Lebensmittel etc.)
Teure Kaufhäuser: David Jones, Myers
Spielsachen: Toys 'R' Us
Surfmode/junge Mode: Billabong, Quiksilver, Mambo
Modeketten: Portmans, Jigsaw, Witchery, Sussan, Just Jeans

Bekannte australische Modedesigner: Collette Dinnigan, Sass & Bide, Alannah Hill, Nicole und Simone Zimmermann (Bademode), Scanlan & Theodore, Akira Isogawa, Lisa Ho, Easton Pearson, Carla Zampatti, Tina Kalivas, Ksubi…

Deutsche, österreichische und Schweizer Waren

Wer auch fern der Heimat Gelüste nach heimischen Waren verspürt, der wird bei vielem fündig. Deutsche Autos, Elektrogeräte, Haushalts- und Spielwaren werden vielerorts angeboten. In den Supermärkten gibt es Lindtschokolade und teilweise auch Milka, Rittersport und Bahlsen. Manche „Delis" – Delikatessengeschäfte – verkaufen auch deutschen Senf oder Pumpernickel. In den größeren Städten gibt es deutsche, österreichische und Schweizer Bäcker, Metzger und Restaurants. Auch Getränke, vor allem Biere, Wein und Schnäpse sind erhältlich. Die Supermarktkette Aldi ist wie oben erwähnt auch vertreten und bietet vereinzelte deutsche Produkte, vor allem zur Weihnachtszeit an.

Adressen der deutschen Anbieter sind auf den deutschsprachigen Webseiten in Australien zu finden:

www.infobahnaustralia.com.au,
www.deutscheinmelbourne.net,
www.deutscheinperth.net.

AUSWANDERN AUF ZEIT

Zu Hause ist es am schönsten

Auswandern auf Zeit ist heutzutage glücklicherweise kein Problem. Australien bietet Langzeit-Urlaubsvisa (bis zu einem Jahr), Visa für Studenten, Schüler und Praktikanten. Wer Reisen und Arbeiten verbinden möchte und unter 30 Jahre alt ist, der kann dies über ein Working Holiday Visum (nur für Deutsche Staatsbürger) machen. Die Möglichkeiten, Down Under und seinen Lebensstil also erstmal "unverbindlich kennenzulernen" und nicht gleich mit Sack und Pack auszuwandern, sind vielfältig. Zugegebenermaßen ist es einfacher für jüngere Menschen, das Auswandern nur mal zu testen. Wer schon eine Familie und gar schulpflichtige Kinder hat, der muss sich den Schritt deutlich besser überlegen. Trotzdem empfiehlt es sich auch für "Späteinwanderer", die neue Heimat vorher genau unter die Lupe zu nehmen, falls man sich solch eine "Probezeit" bzw. einen längeren Urlaub arbeitstechnisch und finanziell leisten kann. Für einen Urlaubsaufenthalt bieten die australischen Botschaften Visaoptionen für bis zu zwölf Monate. Eine Arbeitserlaubnis ist damit natürlich nicht verbunden.
Im Folgenden einige Möglichkeiten, wie man auf Zeit und damit im Endeffekt vielleicht sogar dauerhaft einwandern kann. Denn aus so manchem längeren Aufenthalt hier haben sich schon Sponsorships oder Partnerschaften ergeben, die den Schritt auf den Fünften Kontinent plötzlich deutlich vereinfachen.

Schüleraustausch oder Sprachkurs

Ein Schuljahr zu erleben oder einen Sprachkurs zu belegen, hat in vielerlei Hinsicht Vorteile. Zum einen hilft es einem natürlich, danach hoffentlich fließend Englisch zu sprechen, zum anderen gewährt das Leben in einer Gastfamilie wertvolle Einblicke in den australischen Alltag.

Wer sich zu einem mehrmonatigen Aufenthalt entschließt, sollte bedenken, dass:

- Australien nicht um die Ecke liegt und man einen teuren und 24-stündigen Flug von Familie und Freunden entfernt ist.
- dass man plötzlich in einer komplett fremden Umgebung und Familie landet.
- dass die Schule, Fächer und Verhaltensweisen komplett anders sind.

Zum Beispiel:

- lernen Schüler Down Under nicht Latein, sondern eher Indonesisch oder Japanisch.

- spielt man im Sportunterricht Rugby oder Cricket.
- tragen alle Kinder in den Privatschulen eine Schuluniform.
- hat man den ganzen Tag Schule (bis 15 Uhr).
- gibt es keine Unterscheidung in Gymnasium, Realschule oder Hauptschule.
- werden Theater, Musik oder Tanz als Fächer angeboten.
- kann man berufsbezogene Fächer wählen und so seine Talente und Interessen testen.

Wer das Heimweh wegstecken kann, der kommt meist nicht nur mit exzellenten Englischkenntnissen, sondern auch mit viel Motivation und Selbstbewußtsein zurück. Wichtig zu wissen ist, dass die meist guten Privatschulen auch sehr teuer sind. Die Beziehung zur Schule ist bei den meisten Schülern sehr eng und viele Schulen legen großen Wert, nicht nur akademisch auszubilden, sondern auch Charakterbildung zu betreiben (s. Kapitel „Mit Kindern nach Australien“)

Aber auch nur ein Aufenthalt in einer Sprachschule kann schon einen guten Einblick in Land und Leute gewähren. Für beide Varianten gilt: man kann sich den Aufenthalt über eine Organisation in Deutschland oder in Australien organisieren lassen oder auch direkt eine Schule ansprechen. Wer eine Schule oder Kurse bis zu drei Monaten besucht, der braucht nur ein Touristenvisum. Für alles darüber Hinausreichende muss man ein Studentenvisum beantragen. Hierbei ist eine private Krankenversicherung Pflicht – der Overseas Student Health Cover (s. Kapitel Visum).

Studium oder Berufsausbildung

Man zählt mehr als 40 Universitäten, die im internationalen Vergleich einen ausgezeichneten Ruf genießen. Sie sind deutlich wettbewerbsorientierter als deutsche Universitäten, verlangen aber auch wesentlich höhere Studiengebühren. Australien ist daran interessiert, Studenten aus anderen Ländern anzuziehen. Bildung ist ein wichtiger Exportmarkt des Fünften Kontinents, so dass rund 200 000 Studenten aus weit über hundert Ländern ihre Ausbildung hier abschließen. Neben einem Studium ist es auch möglich, eine Berufsausbildung an den sogenannten Tafe-Instituten zu belegen.

Vielen jungen Leuten hat ein Studium oder eine Berufsausbildung schon die Türen nach Australien geöffnet. Zum einen gibt es extra Punkte für australische Abschlüsse, wenn man sich um ein Skilled Visa bewirbt, zum anderen fällt es einem leichter, vor Ort einen Sponsor zu finden. Und so mancher hat sich natürlich auch schon in einen Kommilitonen oder eine Kommilitonin verliebt.

Studieren in Australien ist allerdings ausnehmend teuer. Die Kosten schwanken je nach Kurskombination, können aber zwischen 15 000 $ und 40 000 $ pro Jahr liegen (Geistes- oder Sozialwissenschaften sind billiger, Medizin oder Naturwissenschaften dagegen sehr teuer). Viele australische Studenten arbeiten deshalb nebenbei. Auch Ausländer können dies relativ einfach machen, wenn sie ein Studentenvisum haben. Erlaubt sind bis zu 20 Stunden pro Woche neben der Uni und natürlich die gesamten Semesterferien.

Was ist zum Beispiel anders hier?

- Die Betreuung durch die Professoren und Dozenten ist sehr gut und sehr persönlich. Sie sehen sich mehr als Lehrer denn als Forscher.
- Das Studium ist deutlich praxisbezogener und weniger akademisch als daheim.
- Das Studienjahr beginnt im Februar und endet im November. Es besteht aus zwei Semestern mit jeweils 14 Unterrichtswochen.
- Es gibt in den Ferien "Summer Schools" bzw. "Winter Schools", wo man Fehlscheine nachholen kann bzw. sein Studium beschleunigen kann.
- Die Prüfungen bestehen meist aus Multiple Choice Fragen.
- Bei Prüfungen gibt es sehr strenge Sicherheitskontrollen.
- Seminarnoten basieren auf den Leistungen während des gesamten Semesters. Nicht nur auf Hausarbeit oder Abschlussklausur.
- Die Hausarbeiten sind meist Gruppenarbeiten.

Die Noten gehen von 0-49 % Fail (F), 50-59 % Pass (P), 60-69 % Credit (C), 70-79 % Distinction (D) bis 80-100 % High Distinction (HD).

Die akademischen Abschlüsse sind Bachelor, Honours (die Erweiterung des Bachelor, nur die besten 30% jedes Jahrgangs werden zugelassen) oder Master. Nur Honours oder Master befähigen zum PhD Studium (Doktortitel). Australische Universitäten verleihen aber auch Diplomabschlüsse oder sogenannte Postgraduate Certificates.

Insgesamt treten australische Studenten deutlich früher ins Berufsleben ein. Im besten Fall schließen sie die High School mit 17 Jahren ab, haben mit 20 bereits ihren Bachelor in der Tasche, mit 21 die Honours und mit 24 Jahren den PhD.

Manche europäische Universitäten haben Austauschprogramme mit australischen Universitäten vereinbart. Dies ist zumindest ein Weg, sich die Studiengebühren zu sparen. In Deutschland erstattet auch das Bafögamt einen Teil der Studiengebühr, wenn das Auslandssemester für das Studium hilfreich ist und zumindest ein Teil des Auslandsstudiums auf das Studium in Deutschland angerechnet werden kann. Außerdem kann man sich natürlich um Stipendien wie die des DAAD bewerben. Übrigens ist für Studenten eine private Krankenversicherung Pflicht (Overseas Student Health Cover).

Wichtige Links zum Thema:

- idp-Seite mit gratis Einschreibe-Service an australischen Universitäten, www.idp.com
- Infoseite "Studies in Australia", www.studiesinaustralia.com
- Zusammenschluss von acht australischen Universitäten, www.go8.edu.au
- Zentrales Studentensekretariat aller australischen Hochschulen, www.ranke-heinemann.de
- Vertretung australischer Hochschulen in Deutschland, www.gostralia.de
- Visafragen – australische Botschaft in Berlin, www.germany.embassy.gov.au
- Seite des DAAD, www.daad.de
- Arbeitsgenehmigung, www.immi.gov.au/students/students/working_while_studying/

Praktikum

Ein Praktikum oder ein Occupational Traineeship zu absolvieren, kann schwieriger als gedacht sein, denn Praktika sind in vielen australischen Unternehmen nicht so üblich wie in deutschsprachigen Ländern. Mit einer Bewerbung aus dem Ausland Erfolg bei einem Unternehmen zu haben, in dem man keinen Ansprechpartner kennt, wird nicht einfach sein. Natürlich kann man sich bei deutschen Unternehmen in Australien bewerben (Adressen gibt es zum Beispiel über den Verlag interconnections, interconnections-verlag.de) oder sich das Praktikum über eine Organisation in Deutschland oder Australien gegen Gebühr organisieren lassen. Gut ist „Praktika Australien", ISBN 978-3-86040-164-4, im selben Verlag.

Ein Praktikum kann im Rahmen eines Training and Research Visums eines Studentenvisums oder eines Working Holiday Visums absolviert werden. Ein Urlaubsvisum reicht dazu nicht aus. Leider existiert das Working Holiday Visum weder für österreichische noch für Schweizer Staatsbürger.

Ein Praktikum gewährt natürlich optimalen Einblick in die australische Arbeitswelt. Wer dann noch bei einer Gastfamilie wohnt, wird sicherlich mit einer Vielfalt an Erfahrungen und hoffentlich auch einer Menge an Kontakten zurückkehren. Wer den Arbeitgeber ausreichend beeindruckt und in einer gesuchten Berufssparte tätig ist, der mag im Anschluss sogar mit einem Sponsorship belohnt werden.

Working Holiday – Backpacking

Australien ist das ideale Land für Rucksacktouristen. Trotz der großen Entfernungen zwischen den Orten gibt es fast überall ausgezeichnete Campingplätze, sauber und gut ausgestattet. In den Städten finden sich viele nette Jugendherbergen, auch wenn man hier durchaus mal daneben liegen kann. Jedes Jahr kommt rund eine halbe Million Rucksackreisender, im Durchschnitt sind ungefähr 40 000 Deutsche darunter. Leider können Österreicher und Schweizer das Working Holiday Visum – wie erwähnt – nicht beantragen. (Die Schweiz hat eine Vereinbarung über den Austausch einer begrenzten Zahl von sogenannten Stagiaires (Trainees) mit Australien getroffen. Siehe Kapitel Visum)

Jobs für Backpacker gibt es viele, auch wenn die Löhne nicht gerade üppig sind. Vor allem bei der Farmarbeit schuftet man manchmal nur für Kost und Logis. Doch die Farmarbeit zahlt sich visumstechnisch aus. Wer es drei Monate oder länger in einer ländlichen Gegend und mit landwirtschaftlicher Arbeit ausgehalten hat, der kann sein Working Holiday Visum sogar auf zwei Jahre ausdehnen (s. Kapitel Visum). Farmjobs sind nicht immer einfach, denn es ist nicht nur eine schwere, sondern oft auch eine schmutzige und manchmal sogar gefährliche Arbeit. Vor allem die klimatischen Bedingungen im Outback oder in den tropischen Regionen können Probleme verursachen. Andererseits ist die Arbeit auch eine Erfahrung fürs Leben. Gefragt sind je nach Saison vor allem Pflück-, Pflanz-, Ernte-, Sortier- oder Verpackjobs bei Obst- und Gemüsefarmen.

Neben der Landwirtschaft finden sich Jobangebote zum Beispiel in der Tourismus- und Gastronomieindustrie, in der Buchhaltung, bei Umzugsfirmen, bei Promotionfirmen, im Verkauf, im Sekretariat oder im Call Centre. Viele Familien nehmen Backpacker auch gerne als Au Pair oder Kindermädchen auf. In vielen Bereichen werden gute Englischkenntnisse vorausgesetzt. Wer es schafft, in seinem eigenen Beruf zu arbeiten, der hat augenblicklich sicherlich auch gute Chancen auf ein Sponsorship.

Einen Aushilfsjob zu finden, ist relativ einfach. Bei einem regelmäßigen Job wird es dagegen deutlich schwieriger, da das Visum einem nur erlaubt, sechs Monate beim jeweiligen Arbeitgeber zu bleiben.

Wo finden sich Jobs?

- Wer den Working Holiday über einen deutschen oder australischen Anbieter organisieren lässt und dafür natürlich auch bezahlt, der erhält meist eine Starthilfe bei der Jobsuche.
- Farmjobs findet man zum Beispiel über den National Harvest Labour Info-Service, www.madec.edu.au, Tel: 1800 062 332 (gratis in Australien)
- Wwoofing Jobs: Wwoofing steht für Willing Workers on organic Farms. Hier gibt es keine Bezahlung, aber dafür Verpflegung und Unterkunft kostenlos. www.wwoof.com.au. Woofen kann man übrigens auch mit dem Touristenvisum, womit diese Jobmöglichkeit auch Schweizern und Österreichern offen steht.
- www.taw.com.au ist eine Jobsuchmaschine für Reisende – Travellors @ Work – und bietet Jobs in vielen verschiedenen Bereichen.

In den größeren Städten bestehen auch Vermittlungsagenturen für Backpacker. Hier zahlt die Agentur dann den Lohn aus und behält einen Teil natürlich für sich selbst ein.
Und noch ein paar Tipps:

Steuern: Auch Backpacker brauchen eine Steuernummer und Arbeitnehmer zahlen Superannuation (Rentenzahlung) ein. Gegen Ende ihres Aufenthaltes können die Reisenden einen Teil der Steuern und die Rentenzahlung zurückfordern. Dafür gibt es im Internet etliche Anbieter, die einem diesen Job für wenig Geld abnehmen. (nach Tax Back und Superannuation Refund suchen)
Zuviel Gepäck: Zuviel Gepäck kann inzwischen relativ einfach per Post nach Hause geschickt werden. Ein Anbieter ist beispielsweise www.packsend.com.au.
Ein wichtiges Zertifikat: RSA (responsible service of alcohol) ist ein Zertifikat, das all diejenigen brauchen, die in der Gastronomie arbeiten wollen. In einem Tageskurs lernt man, an welche Gäste man Alkohol ausschenken darf und an wen nicht oder nicht mehr.

Exkurs
Auswandern auf Zeit: eine junge Schauspielerin büffelt nach einer Traumrolle in Australien fürs Abi

Eine Kölnerin wird Surfstar

Mara Scherzinger ist Jungschauspielerin, Schülerin und Geschäftsfrau, wie sie selbst sagt. Sie verbrachte ihre letzten zwei Schuljahre in Sydney, ohne Mama, Papa und Bruder, die wiederum zwischen Köln, New York und Australien pendelten.

Mara ist eine junge Frau, die weiß, was sie will. Schon mit 13 stand sie zum ersten Mal vor der Kamera, damals in der ZDF-Produktion „Liebe und Verlangen" mit Katja Flint. Die Serie SK Kölsch, ein Kurzfilm, eine Werbung und eine Nebenrolle in einem Kinofilm folgten. „Ich habe das Schauspielern im Blut, schon als ich drei Jahre alt war, bin ich auf jeder Familienfeier aufgetreten und habe gesungen und getanzt."

Ihre Mutter, die selbst Management-Trainings leitet, hat sie von Anfang an unterstützt und gefördert.
„Mama sagt immer, du sollst etwas machen, wo dein Herz wirklich dran hängt. Sie hat mich von Anfang an in allem bestärkt und zur Geschäftsfrau erzogen."
Maras Mutter nahm sie von klein an mit zu ihren internationalen Trainings, wo Mara sich im „Kids Camp" behaupten musste und schon früh Englisch lernte.

Der Anruf, der ihr Leben verändern sollte, kam an einem Tag im Januar. Mara war gerade im Supermarkt, als ihr Handy klingelte und ihre Agentur ihr von einer Teenager-Serie erzählte, die in Australien spielen sollte. Da sagte sie sich: „Das will ich, das werde ich kriegen.“ Außer ihren Eltern erzählte sie niemandem etwas von den Castings, die folgten. „Ich dachte, das sei vielleicht negative Energie und dann würde es nicht klappen.“ Doch es klappte, Mara wurde aus 100 Bewerbern ausgesucht und bekam ihre Traumrolle. „Ich hatte mich gut vorbereitet. Am Anfang wusste ich nur, dass es in Australien Koalas, Kängurus und Eukalyptus gibt. Doch dann las ich alles über das Land, bastelte eine Collage aus allem, was ich fand und hängte sie an die Wand, damit ich sie immer sehen konnte.“

In der australisch-deutschen Co-Produktion (ABC, Southern Star Entertainment & NDR) sollte sie nun Anna spielen, eine junge Deutsche, die einen Platz an der angesehenen Surf-Akademie Blue Water High in Sydney bekommen hatte. Wie die Anna in der Serie musste sich auch die echte Mara am anderen Ende der Welt mit einem intensiven Schul- und Surfprogramm auseinandersetzen und erstmal Anerkennung und Freundschaften finden. Die ersten Monate kamen ihre Eltern und ihr Bruder zwar mit, doch die Dreharbeiten an Sydneys Stränden waren anstrengend, alles war auf Englisch und obwohl Mara eine gute Schwimmerin war – Surfen musste sie erst noch lernen. „Ich hatte noch nie zuvor ein Surfboard angefasst und ich hatte ganz schön Respekt vor den Wellen. Doch ich konnte es dann erstaunlich schnell und für die gefährlichen Szenen hatten wir Doubles.“ Um in der Schule nicht zurückzufallen, bekam sie in den Drehpausen Unterricht von einem Tutor. „Das war eine tolle Zeit. Ich liebe das Meer, den Strand, die ständige Brise, die weht. Am Set waren alle super nett und es war nie peinlich, wenn mal was nicht geklappt hat. Dann haben wir einfach alle gelacht.“

Nach sieben Monaten Dreh wollte Mara nicht wieder zurück nach Deutschland. „Die ganze Atmosphäre hier ist entspannter, das tut der Seele und dem Körper gut. Das Essen ist gesünder, die Luft ist besser. Ich wollte einfach bleiben.“ Maras Mutter ist einverstanden, will die Selbständigkeit und Unabhängigkeit der Tochter fördern. Schnell steht fest, Mara wohnt bei einer Gastfamilie, hilft dort bei der Kinderbetreuung und im Haushalt und besucht die australische Highschool. „Schule macht hier auch mehr Spaß. Ich kann Theater und Tanz als Hauptfächer belegen und ich werde eineinhalb Jahre früher fertig als in Deutschland.“

Manchmal ging sie zwar in Hausaufgaben und Projekten fast unter, und es fiel ihr auch nicht immer das passende englische Wort ein, doch sie war stets froh, den Schritt nach Sydney gewagt zu haben. „Ich habe hier soviel gelernt. Auch wenn es nicht so akademisch ist wie in Deutschland. Aber hier konnte ich alles ausprobieren, was mich interessiert: tanzen und Theater spielen, Filme produzieren, in Themen wie Kindererziehung, Mode, Holzarbeiten, Design, Fotografie oder Gastronomie reinschnuppern. Es ist alles viel praktischer und berufsbezogener als daheim.“

An den Wochenenden war Mara sportlich unterwegs. „Surfen ist wirklich mein Hobby geworden. Ich habe die Ausbildung zur Rettungsschwimmerin gemacht und patrouillierte sonntags immer am Strand." Auch Freunde hat sie schnell gefunden, doch die australische Liebe ließ auf sich warten. „Die australischen Jungs sind nicht so mein Geschmack. Die an meiner Schule waren ohnehin alle zu jung. Ich will mal einen Mann mit Ambitionen und keinen verwöhnten Teenager. Der würde mich nur ablenken."

Und von ihrer Karriere und ihren beruflichen Träumen lässt sich Mara Scherzinger nicht ablenken. Sie will nach Los Angeles, vielleicht die Schauspielschule in Ulm besuchen und vor allem den internationalen Aspekt beibehalten und mal mit britischem, amerikanischem und australischem Akzent sprechen können. Die Filmstadt Prag reizt sie zudem und natürlich Hollywood. „Ich will hoch hinaus und Australien war erst der Anfang", sagt Mara.

GUT ZU WISSEN

Nützliche Quellen

Von A-Z

Alkoholische Getränke

... findet man nicht im Supermarkt, sondern nur im sogenannten Bottle Shop. Der Käufer muss über 18 Jahre alt sein. Auch nicht jedes Restaurant serviert alkoholische Getränke. Viele haben die Lizenz dazu nicht, dafür gilt dann BYO – Bring Your Own, was bedeutet, dass man eine Flasche Wein oder Bier mitbringen darf. Man zahlt dann nur eine Korkengebühr (Corkage). Im Freien Alkohol zu trinken (zum Beispiel an den Strandpromenaden), ist vielerorts verboten. Wer eine Flasche Wein kauft, bekommt diese auch in einer Papiertüte gereicht, damit sie nicht zu sehen ist.

Barfuß

... oder in Flip-Flops sieht man nach wie vor viele Leute. Auch am Abend im Restaurant kommt es immer wieder vor...

Central Business District

... ist die Innenstadt der jeweiligen Städte.

Car Wash Café

...bei einem Kaffee wird das Auto von etlichen flinken Autowäschern per Hand gereinigt.

Didgeridoo und Dreamtime

... sind zwei wichtige Begriffe in der Kultur der Aboriginal People . Ein Didgeridoo ist ein Musikinstrument – ein langer hohler Ast, in den man bläst, und die Dreamtime ist die Schöpfungsgeschichte der Ureinwohner.

Doppelte Staatsbürgerschaft

... ist für Schweizer möglich, die bereits Permanent Residents sind und den Anforderungen des Citizenships entsprechen (Siehe die aktuellen Bedingungen unter www.citizenship.gov.au). Deutschland und Österreich erlauben offiziell keinen zweiten Pass und wer „Australier“ werden möchte, müsste den deutschen oder österreichischen Pass eigentlich abgeben. Deutsche und Österreicher können den australischen Pass jedoch in Ausnahmefällen annehmen ohne den eigenen Pass zu verlieren, wenn sie stichhaltig begründen können, welche Vorteile die Einbürgerung für sie mit sich bringt (z.B. weniger Studiengebühren, Bewerbungsmöglichkeiten auf Jobs, die nur australische Staatsbürger ausüben dürfen etc) und wenn sie noch ausreichend Bindungen an ihr eigenes Land haben. Formulare und Informationen für diese Beibehaltungsgenehmigung gibt es bei den jeweiligen Botschaften und Konsulaten. Antrags-Prozedere und Bedingungen für die australische Staatsbürgerschaft findet man – wie oben erwähnt – unter www.citizenship.gov.au.

Einwohnermeldeamt

... So etwas gibt es nicht! Auch bei seiner eigenen Botschaft muss man sich nicht melden.

Eiscreme-Wagen

...sind ein herrlich altmodisches Phänomen. Die rosafarbenen Automobile fahren durch die Wohngegenden und die Kinder können sich in der mobilen Eisdiele ihre Portion Eis kaufen.

Fahrräder

... sind auch auf der Autobahn erlaubt. "The road is there to share" – ein nicht ganz ungefährliches Unterfangen – vor allem in den Städten...
Beim Radfahren herrscht allgemein Helmpflicht.

Fernseh- und Rundfunkgebühren

....gibt es nicht. Die öffentlich zugängigen Sender empfängt man über Antenne, ansonsten sind Unterhaltungskanäle gegen Kabelgebühren erhältlich.

Gerichte und andere Gaumenfreuden

..., die niemand Down Under verpassen darf, sind: Vegemite – ein Brotaufstrich aus Hefe, Meat Pies (mit Hackfleisch gefüllte, herzhafte Kuchen), Lamingtons (Kokoskuchen in Schokolade) und Pavlova (Baisser mit Schlagsahne und Obst). Ansonsten steht alles hoch im Kurs, was gegrillt werden kann – Lammkoteletts oder Rindersteaks. Australier sind die Meister des Barbecues!

Heiraten

... kann man mit Hilfe eines sogenannten "Marriage Celebrants" (Eine Liste siehe unter www.ag.gov.au/celebrants). Man füllt das sogenannte "Notice Of Intended Marriage"-Formular aus (www.ag.gov.au). Zwischen der Abgabe des Aufgebotsformulars beim "Marriage Celebrant" und der Trauung müssen mindestens ein Monat und ein Tag liegen. Vorlegen muss man meist einen Reisepass, eine Geburtsurkunde und falls die Heiratskandidaten schon mal verheiratet waren das Scheidungsurteil (jeweils in beglaubigter, englischer Übersetzung). Für die Hochzeit sind zwei Zeugen nötig. Genaue Informationen gibt die "Registry of Birth, Death and Marriages" der jeweiligen Bundesstaaten oder Territories.

Hotel

Dieser Begriff kann einen trügen, denn es handelt sich oft eher um ein Pub ohne Unterkunftsmöglichkeit. Im Internet deswegen nach „Accomodation" suchen.

Infrastruktur

Hier besteht in Australien Nachholbedarf. Autobahnen, Häfen und Eisenbahnnetz etc. sind veraltet, in schlechtem Zustand oder komplett überlastet. Der Regierung stehen große Infrastrukturprojekte in den kommenden Jahren bevor. Auch das Internet ist rückständig. Der Flugverkehr ist dagegen vorbildlich und die Sicherheitsstandards sind beispielhaft.

Internet

Das Internet ist weniger verbreitet als gewohnt. Angebote mit integriertem VoIP Telefon, wie man sie aus Europa kennt. (VoIP siehe auch unter Telefonieren). Einen geeigneten Provider kann man gut mit Hilfe der folgenden Webseite finden:
http://bc.whirlpool.net.au.

Wer keinen eigenen Internetanschluss braucht, kann im Internet-Cafe surfen. Da dies aber auf die Dauer recht teuer ist, ist ein weiterer Tipp, sich bei einer der lokalen Bibliotheken anzumelden. Dort kann man meist kostenlos ins Internet gehen. Gerade um die Anfangszeit zu überbrücken, kann sich auch die Anschaffung eines mobilen Wifi-Gerätes lohnen.

Jahreszeiten

Nicht vergessen: Der Kontinent liegt auf der Südhalbkugel, und die Jahreszeiten sind genau anders herum. Weihnachten ist also im Sommer und Juni, Juli und August sind die kältesten Monate.

Jet Lag

... ist ein Phänomen, das jeder Reisende nach einem Langstreckenflug verspürt. Müdigkeit und Konzentrationsschwächen sind die häufigsten Folgen und bei Flügen in Richtung Osten ist der Jet Lag meist schlimmer als anders herum. Als Tipps kann man geben: die Uhr noch während des Fluges auf die Ankunftszeit im Zielland umstellen und dort den normalen Rhythmus mitmachen. Alkoholische Getränke und Schlafmittel sollte man vermeiden. Bei Flügen in Richtung Westen empfiehlt sich: im Flugzeug wach bleiben und proteinreiche Kost essen, bei Flügen in Richtung Osten versuchen beim Flug zu schlafen und eher Kohlenhydrate zu sich nehmen.

Kaffee

...gibt es in vielen verschiedenen Arten, und die Qualität steht Italien in nichts nach. Latte (eine Art Latte Macciato), Flat White (eine Art Milchkaffee), Cappuccino, Short Black (schwarzer Kaffee), Long Black und für die Kleinen ein Babycino (nur Milch mit Schokostreuseln und manchmal Marshmellow). Viele bestellen ihren Kaffee auch mit Skim Milk, das ist die kalorienreduzierte Milch.

Klima

Das Klima schwankt extrem. Der Norden hat ganzjährig ein feucht-heißes Tropenklima. Die Regenzeit ist zwischen November und April. Hier kann es durchaus auch mal einen Wirbelsturm geben. Fährt man die Ostküste runter in Richtung Brisbane wird es eher subtropisch und auch große Teile Westaustraliens haben in Küstennähe ein subtropisches Klima. Das Zentrum Australiens hat ein arides bis semiarides Wüstenklima. Hier herrscht extreme Trockenheit und die Temperaturen können tagsüber weit über die 30 Grad klettern. Sydney, Canberra, Hobart, Adelaide und Melbourne haben ein moderates Klima mit warmen Sommern und teilweise durchaus kühlen Wintern. Besonders auf Tasmanien kann es im Winter recht kalt werden. Und was viele nicht wissen: man kann auch in Australien Skifahren. New South Wales, Victoria und auch Tasmanien haben recht schneesichere Ski- und Langlaufgebiete!

Lebenshaltungskosten

... sind im Durchschnitt relativ hoch. Vor allem die Preise für Lebensmittel sind in den vergangenen Jahren extrem in die Höhe geklettert. Ein Wocheneinkauf für eine vierköpfige Familie kommt auf 200 bis 300 Dollar. Dabei sind Fleisch und Fisch etwas günstiger als in Europa, Obst und Gemüse kosten etwa genauso viel und Milchprodukte und Süßigkeiten sind teurer. Auch Alkohol und Zigaretten sind deutlich teurer. Dafür ist es im Normalfall günstiger, außer Haus zu essen (da man kostenlos Wasser aus dem Hahn – also Tap Water – bestellen kann und in vielen Restaurants seine Flasche Wein mitbringen kann) und auch die Benzinpreise sind niedriger.
Trotzdem kommt es natürlich auf den jeweiligen Ort an, in dem man wohnt: Sydney zum Beispiel landet immer unter den 25 weltweit teuersten Städten für Expatriats. Und Perth oder Darwin erleben gerade einen wirtschaftlichen Boom, der auch mit teuren Preisen einhergeht. Doch die hohen Gehälter vieler Arbeitgeber dort gleichen dies auch wieder aus.

Message Bank

...ist ein praktischer Anrufbeantworter-Service, den die meisten Telefongesellschaften kostenlos bieten. Ein Anrufbeantworter ist somit überflüssig.

Mutter Großbritannien

... die Bindung an Großbritannien ist immer noch vorhanden, nicht umsonst gehört Australien zum Commonwealth und akzeptiert die britische Königin als Staatsoberhaupt. Sie ist offiziell auch die Königin Australiens und ernennt den Governor General. Eine Volksbefragung, ob das Land nicht lieber Republik werden sollte, scheiterte 1999. Immerhin beschert die Königin den Australiern einen extra Feiertag (den Queen's Birthday), auch wenn sie sonst eher selten vor Ort ist.

Notrufnummer

...ist in Australien die 000. (Polizei, Ambulanz und Feuerwehr)

Ozonloch

Auch wenn dies bei vielen Europäern ein großes Thema ist, hier wird wenig darüber geredet. Wissenschaftliche Untersuchungen haben auch ergeben, dass die Gefahr hier auch nicht größer ist als in Mitteleuropa zum Beispiel. Dass viele Australier an Hautkrebs erkranken, liegt vielmehr an der höheren Sonneneinstrahlung. Inzwischen ist man aber „sun smart" geworden. Jeder cremt sich ein, und Hüte gehören im Sommer zum normalen Bild des Alltags.

Pass

Wer einen neuen Pass benötigt oder für sein neugeborenes Kind einen Ausweis beantragen muss, der wendet sich an seine jeweilige Botschaft. Neue Reisepässe müssen inzwischen zusätzliche biometrische Daten enthalten, nämlich die Fingerabdrücke der Passinhaber. Somit muss man persönlich bei den Botschaften oder Konsulaten vorsprechen und kann einen Pass nicht mehr schriftlich beantragen.

Post

Die Post verschickt nicht nur Briefe und Päckchen, hier gibt es auch Schreibwaren, Geschenke, Rauchmelder und vieles andere. Bei der Post kann man zwischen dem normalen Postweg wählen (ca. ein bis zwei Tage innerhalb des Landes) oder der Express Post. Bei letzterer wird eine Auslieferung am nächsten Arbeitstag garantiert. Auch international gibt es Express Post. Diese Briefe oder Päckchen kann man dann im Internet tracken. Australier beantragen übrigens auch ihre Reisepässe bei der Post.

Quark

... kennt man eigentlich nicht. Trotzdem kann man das Milchprodukt der Alpenländer teilweise in Bioläden oder in europäischen Delikatessenläden für horrende Preise kaufen. Die Konsistenz ist aber oft eine andere. Insofern kann man sich bei vielen Gerichten auch mit dem Ricotta aus dem Supermarkt behelfen.

Rauchen

... ist nicht gerne gesehen. Vielerorts ist es verboten – normalerweise in Restaurants, Cafes und öffentlichen Gebäuden. Die Sydney-Gemeinde Mosman hat es 2004 als erster Ort weltweit sogar im Freien untersagt. Raucher müssen dort auf öffentlichem Land mindestens 20 Meter Abstand von Restaurants oder Cafes halten. In Pubs gibt es noch oft Zonen, in denen geraucht werden darf. Die Regierung fährt große Anti-Rauchkampagnen und Zigaretten sind zudem teuer. Die Gesetzsprechung ist in den einzelnen Staaten jedoch unterschiedlich streng.

RSL Clubs

RSL bedeutet "Returned & Services League" oder "Returned Soldiers League". In den meisten Stadtteilen gibt es solch einen Club, in dem aber nicht nur alte Kriegsveteranen verkehren, sondern auch viele jüngere Leute zum Essen, Trinken und Feiern hingehen. Normal muss man gegen einen geringen Beitrag Mitglied werden (wenn man im gleichen Stadtteil wohnt) oder sich sonst als Gast in eine Liste eintragen.

Strom und Steckdosen

Die Wechselstromspannung beträgt 220-250 Volt und 50 Hertz. Die Stecker sind dreipolig, das heißt man benötigt einen Adapter. Jede Steckdose hat im Normalfall einen Schalter, mit dem man sie ausschalten kann.

Suburbs

... ist alles, was nicht Innenstadt ist. Wer also nicht mitten im Zentrum wohnt, hat in seiner Adresse nicht Sydney, Melbourne oder Perth stehen, sondern vielleicht Manly, St. Kilda oder Cottesloe. Manche Freunde und Angehörige in der Heimat verwirrt dies und sie fragen dann erstaunt: „Wohnst du nicht eigentlich in Sydney?"

Telefonieren

Von Australien nach Deutschland, Österreich oder in die Schweiz kann man mit billigen Telefonkarten telefonieren, die es in den Kiosken gibt. Man wählt die Kartennummer, wählt die Sprache, tippt seine Pinnummer ein und dann die gewünschte Telefonnummer. Nicht unkompliziert aber billig. Trotzdem: Karten vergleichen, manche verlangen eine Verbindungsgebühr oder verfallen innerhalb von drei Monaten wieder.
Auch private Telefonanbieter haben teilweise günstige Angebote für Europa. Ein Vergleich findet sich zum Beispiel unter www.phonechoice.com.au.

Die günstigsten Telefontarife von Deutschland, Österreich oder der Schweiz aus erfährt man unter:
www.billiger-telefonieren.de (Deutschland)
www.billiger-telefonieren.at (Österreich)
www.comparis.ch (Schweiz)

Vollkommen gratis ist zum Beispiel die Internettelefonie Skype (www.skype.com), wenn beide Gesprächspartner dort angemeldet sind und das Gespräch von PC zu PC läuft. Gespäche auf einen Festnetzanschluss kosten Gebühren. Hinter dem Ganzen verbirgt sich das sogenannte VoIP bzw. „Voice over Internet Protocol". Nett für die Familie ist es auch, eine Webkamera zu installieren – dann kann man sich beim Gespräch auch sehen. Letzterer Bonus macht die nicht immer einwandfreie Gesprächsqualität wieder wett.

Trinkgeld

... wird nicht erwartet, aber man freut sich natürlich trotzdem darüber.

Die zehn häufigsten Tippfehler

... bei australischen Orten, die Leser dieses Buches vermeiden sollten, sind laut einer Hotelbuchungsseite im Internet:

Brian Bay (Byron Bay)
The Big Red Rock (Uluru)
Cans (Cairns)
Clowndra (Caloundra)
Dumbo (Dubbo)
Wogga Wogga (Wagga Wagga)
Erinsborough und Summer Bay (Fiktionale Locations aus den Sendungen "Neighbours" und "Home & Away")
Almond Land (Arnhem Land)
Drunk Island (Dunk Island)
Permission Beach (Mission Beach)

Uluru

... ist der Aboriginal Name für den Ayers Rock. Auch wenn der große Monolith im Zentrum Touristen magisch anzieht, so sollte man ihn eigentlich nicht erklimmen, da dies die Ureinwohner nicht wünschen. Außen herumzuwandern ist übrigens mindestens genauso spannend und viel weniger gefährlich.

Vorwahlen

Von Australien nach Deutschland: 001149.
Von Australien nach Österreich: 001143
Von Australien in die Schweiz: 001141.

Nach Australien wählt man die: 0061
Bei der Ortsvorwahl entfällt die Null!

"Wait to be seated"...

...ist in vielen besseren Restaurants üblich. Der Kellner weist einem den Tisch zu.

Wahlpflicht

Es gilt eine Wahlpflicht; wer das Wählen versäumt, erhält eine Geldstrafe. Als „Temporary Resident“ oder auch als „Permanent Resident“ darf man allerdings nicht wählen.

Wasser...

... ist normalerweise Mangelware. Deshalb gibt es vielerorts sogenannte Water Restrictions (z.B. in punkto Gartengießen).

Xmas

...ist die Abkürzung für Weihnachten. Hauptfeiertag ist der 25.12., der „Christmas Day". Die Kinder bekommen ihre Geschenke am Morgen des Weihnachtstages vom Weihnachtsmann. Christkind oder Nikolaus gibt es nicht. Auch Heiligabend spielt keine große Rolle, obwohl viele Firmen auch ab Mittag schließen und manche sogar den ganzen Tag frei geben. Am Weihnachtstag gibt es traditionell gebratenen Truthahn, Meeresfrüchte oder kalten Braten und Schinken. Vor allem jüngere Leute feiern gerne mit Barbecue am Strand. Ebenfalls dazu gehören Christmas Cracker, übergroße Knallbonbons, die man auseinander reißt und dann mit einem kleinen Geschenk, einer Papierkrone oder einem Witz belohnt wird.

Yum Cha

... muss man im Einwandererland Australien unbedingt einmal ausprobieren. Bei diesem chinesischen Brunch werden verschiedenste chinesische Leckereien gereicht. Einfach mal mutig sein!

Zeitzonen

Es gelten drei Zeitzonen:

- Die Australian Eastern Standard Time (AEST) gilt für New South Wales, das Australian Capital Territory, Tasmanien, Victoria und Queensland. Die AEST ist GMT+10, also zehn Stunden nach der Greenwich Mean Time.
- Die Australian Central Standard Time (ACST) ist eine halbe Stunde hinter der EST und gilt für Südaustralien und das Northern Territory.
- Die Australian Western Standard Time (AWST) ist zwei Stunden hinter der EST und bezieht sich nur auf Westaustralien.

Alle Staaten außer Queensland und das Northern Territory haben eine Sommerzeit oder Daylight Saving Time, das heißt sie stellen die Uhr im Sommer eine Stunde vor und zum Winter wieder zurück.

Australischer Slang

A

Ace!	Sehr gut
Aerial pingpong	Australian Rules Football
Alice or The Alice	Alice Springs, Northern Territory.
Anchors	Bremsen (Auto)
Ankle biter	Kleinkind

Apples, she'll be	Es wird schon werden…
Argue the toss	Nicht der gleichen Meinung sein
Arvo	Nachmittag
At a push	Unter schwierigen Bedingungen
Aussie	Australier/-in
Aussie battler	Ein normaler, australischer Arbeiter
Aussie salute	Fliegen mit der Hand verscheuchen
Away with the birds, fairies, pixies	Verwirrt sein

B

B & S	Bachelors' and Spinsters' Ball, eine Singles-Party im Outback
Back of Bourke	Sehr weit entfernt
Back of beyond	Jede schwer erreichbare, einsame Gegend
Bad trot	Pech
Barbie	Barbecue
Banana bender	Queenslander
Bangers and mash	Würste mit Kartoffelbrei
Be there with bells on	Voller Begeisterung irgendwohin kommen
Be with you in a tick	Ich bin sofort bei dir….
Beamer	BMW
Beaut, beauty	toll, fantastisch
Been around the traps	Lebenserfahren
Beg yours	Beg your pardon – Entschuldigen Sie
Big wet	Regenzeit
Bikkie	Biscuit – Keks
Billabong	Wasserloch
Billy	Wasserkessel
Bities	Alle gefährlichen/giftgen Tiere, die zubeißen (Spinnen, Schlangen)
Bloke	Kerl

Blowie	blow fly - Schmeißfliege
Blowy	Windig
Bludger	Faule Person
Boogie board	"Halbes" Surfboard
Bob's your uncle	"and there you have it" … und dann passt das schon…
Brekkie	breakfast – Frühstück
Brizzie	Brisbane, Hauptstadt von Queensland
Brumby	Wildes Pferd
Buckley's	Keine Chance
Bull bar	Art Stoßstange, die Kängurus und andere Wildtiere auf der Straße abfangen soll
Bush	Outback
Bushie	Jemand, der im Outback lebt
Bushranger	Highway Man
Bush telly	Campfire
B.Y.O or B.Y.O.G	Bring Your Own Grog – alkoholische Getränke müssen mitgebracht werden

C

Chewie	Chewing gum - Kaugummi
Chokkers	Überfüllt, propenvoll
Chokkie	Chocolate - Schokolade
Chook	Huhn
Chrissie	Weihnachten
Chuck a sickie	Krank machen (obwohl man gesund ist)
Coat-hanger	Sydney Harbour Bridge
Cockroach	Jemand aus New South Wales
Come good	Sich verbessern – nach einem schlechte Start
Cozzie	Swimming costume - Badeanzug

Cranky	Ärgerlich
Crook	Krank, schlecht gemacht
Crow eater	Jemand aus Südaustralien

D

Dag	Jemand witziger
Daks	Hosen
Damper	Brot aus Mehl und Wasser
Deadset	Wahr
Digger	Australischer Soldat, Goldgräber
Dinkum, fair dinkum	Echt, wirklich
Dinky-di	Wahrhaft, eine echte Sache
Docket	Rechnung
Doco	Documentary – Dokumentarfilm
Dodgy	Suspekt, unordentlich
Down Under	Australien
Dummy, spit the	Sich über etwas aufregen

E

Earbashing	Nerven, nicht aufhören zu reden
Esky	Kühlbox

F

Fair go	Gute Chance
Flake	Haifischfleisch
Flick	Etwas/Jemanden los werden
Flick it on	Etwas schnell wieder verkaufen und einen Profit daraus schlagen
Footy	Australian Rules Football
Fossicking	Suchen, fördern

G

Galah	Dummkopf
Garbo, garbologist	Müllmann
G'Day	Guten Tag
Give it a burl	Versuch es mal
Greenie	Umweltschützer
Grouse	Super, toll

H

Heaps	Viel
Hit the turps	Alkohol trinken
Hoon	Hooligan
Hottie	Hot water bottle – Wärmflasche

I

Icy pole, ice block	Wassereis

J

Jackaroo	Australischer Cowboy, jemand, der auf einer Farm arbeitet
Jillaroo	Cowgirl
Joey	Baby Känguru
Journo	Journalist
Jumbuck	Schaf

K

Kangaroos loose in the top paddock	Im Kopf verwirrt
Kero	Kerosin
Kindie	Kindergarten
Kiwi	Neuseeländer
Knock back	Jemanden zurückstoßen

L

Lamington	Kokoskuchen in Schokolade/Dessert

Larrikin	Clown
Lippy	Lipstick – Lippenstift
Lizard drinking, flat out like a	Im Stress sein
Lob, lob in	Bei jemandem "reinschneien"
Lollies	Süßigkeiten
Lucky Country	Australien
Lurk	Illegal

M

Mate	Guter Freund
Mate's rate, mate's discount	Guter Preis für einen Freund
Mexican	Jemand, der südlich der Grenze zu Queensland wohnt
Milk bar	Kleiner Laden, der Take Away Essen anbietet
Milko	Milchmann
Mozzie	Mosquito – Mücke
Muddy	Mud Crab – Krebs
Muster	Vieh zusammentreiben

N

Nasho	Militärdienst
Never Never	Outback
Nipper	Nachwuchs-Rettungsschwimmer (Kinder)
No worries	Keine Sorge

O

Oldies, olds	Eltern
O.S.	Overseas - Übersee
Outback	Inland von Australien
Oz	Australien

P

Pash	Kuss

Pav	Pavlova, australisches Dessert aus Meringue, Sahne und Obst
Piker	Feigling
Plate, bring a	Essen bei einer Party mitbringen
Plonk	Billiger Wein
Pokies	Poker Machines, Glücksspiel-Automat
Polly	Politician – Politiker
Pom, pommy	Engländer
Postie	Postman - Briefträger
Prezzy	Present - Geschenk

Q

Quid, make a	Sein Leben verdienen

R

Rack off / rack off hairy legs	Hau ab!
Rage	Party
Rage on	Partying
Rapt	Begeistert
Ratbag	Leichte Beleidigung
Reckon	Glaubst du? Mit Sicherheit!
Reffo	Refugee – Flüchtling
Rego	Auto-Registrierung
Rellie	Relative - Verwandter
Road train	Lastwagen mit mehreren Anhängern
Roo	Känguru

S

Salvos	Salvation Army – Heilsarmee
Sandgroper	Jemand aus Westaustralien
Sheila	Frau
Shout	Eine Runde im Pub bezahlen
Sickie	Krankentag

Sook	Softie
Spag bol	Spaghetti Bolognese
Spewin'	Sehr ärgerlich
Station	Große Farm
Stock	Vieh
Strides	Hosen
Strine	Australischer Slang
Stubby holder	Gefäß, um ein kleines Bier zu kühlen
Sunnies	Sunglasses – Sonnenbrille
Surfies	Surfer
Swag	Mischung aus Bett und Schlafsack
Swaggie	Swagman – Landstreicher

T

Tall poppies	Erfolgreiche Menschen
Taswegian	Jemand aus Tasmanien
Thongs	Flip Flops
Tinny or tinnie	Kleines Almunium Boot
Togs	Badeanzug
Too right	Auf alle Fälle
Top End	Ganz im Norden Australiens
Trackies	Track Suit – Jogginganzug
Truckie	Truck driver – Lastwagenfahrer
True blue	Patriotisch
Tucker	Essen

U

Uni	University – Universität
Unit	Apartment
Ute	Pickup Truck

V

Veg out	Vor dem Fernseher ausspannen

Vegies	Vegetables – Gemüse
Vee dub	Volkswagen

W

Waggin' school	Schwänzen
Walkabout	Auf einen Trip gehen, nicht mehr auffindbar sein
Wet	Regenzeit im Norden
Whinge	Jammern
Whopper	Riesig
Willy-willies	Kleine Staubteufel, Windhosen
Wobbly	Wutanfall

Y

Yabber	Viel reden
Yakka	Arbeit
Yewy	U-Turn
Yobbo	Ungehobelter Mensch

Adressen - Linkverzeichnisse

Themenbezogene Adressen und Links in den jeweiligen Kapiteln.

Australische Botschaften

Deutschland, Österreich und der Schweiz

Deutschland

Australische Botschaf Berlin,
Wallstraße 76-79, 10179 Berlin,
Tel: +49 (0)30 88 00 88 0, www.germany.embassy.gov.au

Österreich

Australische Botschaft Wien,
Mattiellistraße 2-4, 1040 Wien,
Tel: +43 (0) 1 – 506 740, www.australian-embassy.at

Schweiz
Australisches Generalkonsulat Genf,
Chemin des Fins 2, Case Postale 172, 1211 Genf 19,
Tel: +41 (0) 22 799 9100, www.australia.ch

Achtung: dies ist eine Vertretung, keine Botschaft. Schweizer Auswanderer müssen also die Botschaft in Berlin kontaktieren.

Botschaften in Australien

Deutschland, Österreich, Schweiz

Bei allen Konsulaten bitte vorab einen Termin ausmachen – telefonisch oder online! Viele Honorarkonsulate sind nicht berechtigt Visa oder Pässe auszustellen. Vor einem Termin genau nachlesen/nachfragen, was gemacht werden kann und welche Unterlagen im Original mitgebracht werden müssen. Beim Antrag von Kinderpässen müssen im Normalfall beide Elternteile mit anwesend sein!

Deutsche Botschaft in Canberra,
Embassy of the Federal Republic of Germany,
119 Empire Circuit, Yarralumla ACT 2600,
Tel: +61 (0) 2 6270 1911, www.australien.diplo.de

Sydney:
Consulate General of the Federal Republic of Germany, Sydney,
13 Trelawney Street, Woollahra NSW 2025,
Tel: +61 (0) 2 9328 7733, www.australien.diplo.de

Melbourne:
Consulate General of the Republic of Germany, Melbourne,
Level 4, Suite 8, 118 Queen Street, Melbourne, VIC 3000,
Tel: +61 (0) 3 9642 8088, www.australien.diplo.de

Deutsche Honorarkonsulate (in Adelaide, Brisbane, Cairns, Darwin, Perth, Hobart) und wichtige Informationen zu Öffnungszeiten, Pässen etc. unter www.australien.diplo.de

Österreichische Botschaft, Canberra,
12 Talbot Street, Forrest ACT 2603, Tel: +61 (0) 2 6295 1533
www.aussenministerium.at/canberra, www.austria.org.au, www.bmeia.gv.at

Österreichische Honorarkonsulate:

Austrian Honorary Consulate General, Melbourne

Raum 802, 180 William Street, Melbourne, VIC 3000
Tel: +61 (0) 3 9225 8750

***Austrian Honorary Consulate, Sydney**,*
10th Floor, 1 York Street, Sydney NSW 2000,
Consular district: New South Wales, Norfolk Islands,
Tel: +61 (0) 2 9251 3363

Österreichische Honorarkonsulate (in Adelaide, Brisbane, Cairns, Darwin, Perth, Hobart) und wichtige Informationen zu Öffnungszeiten, Pässen etc. unter www.bmeia.gv.at

***Schweizer Botschaft, Canberra**,*
7 Melbourne Avenue, Forrest ACT 2603,
Tel: +61 (0) 2 6162 8400, www.eda.admin.ch/australia

Schweizer Honorarkonsulate:

***Swiss Consulate-General, Sydney**,*
Level 23, Tower 2, 101 Grafton Street, Cnr Grosvenor Street,
Bondi Junction NSW 2022,
Tel: +61 (0) 2 8383 4000, www.eda.admin.ch/australia

***Swiss Consulate, Melbourne**,*
697 Toorak Road, Kooyong, Vic 3144,
Tel: +61 (0) (03) 9824 7527, www.eda.admin.ch/australia

Schweizer Honorarkonsulate (in Adelaide, Brisbane, Darwin, Perth, Hobart) und wichtige Informationen zu Öffnungszeiten, Pässen etc. unter www.eda.admin.ch/australia

Europäische Wirtschaftskontakte in Australien:

German-Australian Chamber of Industry and Commerce,
***Deutsch-Australische Industrie- und Handelskammer**,*
Level 10, 39-41 York Street, Sydney NSW 2000,
Tel. +61 (0) 2 8296 0400
www.germany.org.au

***Austrian Consulate General/Commercial Section**,*
10/1 York Street, Sydney NSW 2000,
Tel: + 61 (0) 2 9247 8581, www.advantageaustria.org

Swiss-Australian Chamber of Commerce and Industry SACCI,
3/46 Market Street, Sydney NSW 2000
Tel: +61 (0) 2 9262 1511, www.swisscham.com.au

Australischer Wirtschaftskontakt in Deutschland

Australische Handelskommission,
Australian Trade Commission – Austrade,
Main Tower 28th Floor, Neue Mainzer Straße 52-58, 60311 Frankfurt/Main,
Tel: 069-905580, www.austrade.de

Weitere interessante Weblinks

Deutschsprachige Webseiten mit Informationen über Australien:
In Deutschland: www.australien-info.de oder www.reisebine.de

In Australien: www.infobahnaustralia.com.au, www.deutscheinmelbourne.net, www.deutscheinperth.net

All diese Webseiten betreiben auch ein Forum, in dem man sich mit anderen Australienbegeisterten austauschen kann.

Ein reines Forum betreibt die Webseite www.australien-forum.de

- Einwanderungsbehörde: www.immi.gov.au
- Tourismusbehörde: www.australia.com
- Deutsch-australisches Netzwerk e.V.: www.dean-online.de
- Pendant zu unserem Telefonbuch: www.whitepages.com.au
- Pendant zu unseren gelben Seiten: www.yellowpages.com.au
- Adressen finden/Online-Stadtteile: www.whereis.com.au
- Suchmaschine: www.google.com.au
- Währungsumrechnung: www.oanda.com

Beratungsstellen – Auswanderer und Auslandstätige

(Viele dieser Stellen bieten auch eine Beratung in den einzelnen Bundesländern!) Im Bundesverwaltungsamt in Köln gibt es eine Informationsstelle für Auswanderer und Auslandstätige, die Auskunft erteilt über ausländisches Recht;

Bundesverwaltungsamt,
Eupener Straße 125, Köln, Tel.: 0228-99358-0 oder 0221-7580 ,
www.bva.bund.de

Deutsches Rotes Kreuz, *Generalsekretariat-Team 44,*
Carstennstraße 58, 12205 Berlin, Tel.: 030-854 040, www.drk.de

Evangelische Auslandsberatung e.V,
Rautenbergstraße 1, 20099 Hamburg,
Tel.: 040-244836, www.ev-auslandsberatung.de

Raphaels-Werk, *Dienst am Menschen unterwegs e.V.,*
Generalsekretariat, Adenauerallee 41, 20097 Hamburg, Tel.: 040-24 84 42-0, www.raphaels-werk.de (Das Raphaels-Werk hilft auch Menschen, bei denen die Auswanderung nicht geklappt hat und die wieder zurückkehren wollen)

Verein für Internationale Jugendarbeit
Urbanstraße 44, 70182 Stuttgart
Tel.: 0711 518858-75, www.vij.de

Jobhopping Down Under

Jobs, Praktika, Working Holiday – Australien

Down Under aus erster Hand für alle Working-Holiday-Reisenden. Hier sind Erfahrungen, Spartipps, Hinweise zu Jobs, Unterkünften und vielem mehr versammelt. Der Autor schöpft aus einem Jahr Erfahrung. Kundig nimmt er den Leser mit auf eine Reise.

ISBN
978-3-86040-228-3
€ 15,90

Reise ins Herz Australiens

Menschen, Mythen und Geschichten

Fesselnde landeskundliche Sammlung von Geschichten, Schilderungen und Erlebnissen in Down-Under

ISBN
978-3-86040-213-9
€ 15,90

Deutsche Firmen in Australien

Unternehmensverzeichnis zu Jobmöglichkeiten & Geschäftsanbahnung

Sammlung deutscher Firmen mit ihren Zweigstellen oder Niederlassungen in Australien. Gut für den Start und mehr.

ISBN
978-3-86040-163-7
€ 49,90

Papua Neuguinea - Leben im Regenwald

Todeszauber, Busencheck, beheizte Klaviere und eine christliche Ohrfeige

Nachbarland Australiens sozusagen, aber weitgehen unbekannt. Hier schilderte eine Frau ihr Leben im Dschungel auf einer Missionstation.

ISBN
978-3-86040-138-5
€ 15,90

Griechenland neu entdeckt

Landschaften, Menschen, Begegnungen

Griechenland heute, neu erlebt, neu erwandert. Museen und Ruinen natürlich, aber auch die kaum erschlossene Bergwelt mit ihren den Göttern geweihten Gipfeln, Schluchten und heiligen Quellen. Ausgezeichnete Einblicke in die reiche Vogel- und Blumenwelt.
Brochierte Ausgabe, s/w-Foto
136 S
15,90 €

Spanien, wie wir es lieben

Kastilien und Estremadura – Städte & Landschaften

Reise durch das Herz Spaniens, ein Land in Bewegung, quirlige Städte, nette Begegnungen und immer spannend. Man merkt, wie viel Herzblut die Autorin in ihrem Werk stecken hat. Wunderschöne Farbfotos.

158 S.
16,90 €

Kilimandscharo - Aufs weiße Dach Afrikas

Gespensterbäume, Zuckerbüsche in Tansania, ein Halt auf Sansibar
Eine Wanderung auf den höchsten Berg Afrikas, ein Traum für alle Afrikaliebhaber und Bergfreunde..
Brochierte Ausgabe

160 S.
15,90 €